感受腾飞

——论中国工业化与通货膨胀

钱津 著

人民出版社

目　录

序

  科学是对客观存在的事实和规律的准确抽象的认识。如果不是从客观存在的事实出发认识问题，那就不是科学的研究方法，也不是科学认识问题的态度。如果对于客观存在的规律完全没有认识，或者说，对于任何规律都毫无洞察，没有发现一条客观存在的规律，那也不是科学，那样的认识还未能达到科学认识对于研究对象反映的程度。科学的认识是对于客观规律准确抽象的认识，对于客观规律不准确的认识不是科学的认识，同样，不是抽象地认识客观规律的认识也不属于科学研究的范畴。科学的认识是抽象的认识，科学的抽象就是通过逻辑的方法概括性地认识客观事物。所以，科学的认识是尊重客观的，也是尊重逻辑的。不讲认识的客观性和逻辑性，必定统统要被科学的研究所排斥。

  科学研究的目的是指导人类社会生产和生活实践。也就是说，科学的理论要走在社会实践的前面，没有科学的理论，就没有科学的实践。飞机飞上蓝天，火箭射向太空，都是理论在前，实践在后的。都是通过理论准确抽象地认识了一定的自然规律，才最终取得飞机上天和火箭进入太空的实践成果的。任何有基本常识的人都不会否认，没有制造飞机和火箭的理论，就不可能将飞机和火箭送上天。从逻辑上讲，也是不可能先有飞机和火箭上天的实践，再得到如何制造飞机和火箭的理论。所以，所有的人都应该明白，要想得到飞机上天和火箭进入太空的实践成果，必须先要研究如何制造飞机和火箭的理论。可是，即使是进入21世纪以后，对于中国的经济体制改革，还是有人认为需要实践在先理论在后，需要等到中国的经济体制改革成功以后，才能够研究和总结中国的经济体制改革如何取得成功的理论。在经济学研究领域，如此明显地混淆理论与实践的关系，突出地表现了当前中国的经济学理论研究中某些逻辑方面认识的欠缺。

20世纪是自然科学研究取得重大理论突破的世纪，也是社会科学研究没有跟上自然科学的发展相对落后的世纪。这种状况影响到20世纪末和21世纪的中国学术界。在经济学界，这么多年来，大都崇尚经济政策研究，用对经济政策的研究取代经济理论研究，在主流群体中缺少深入的原创性的经济理论研究，更缺少针对中国的经济体制改革和经济发展实际需要的全面系统的经济理论研究。

事实上，在经济领域，同样是没有科学的理论，就没有科学的实践。科学的经济理论对于指导社会经济实践，具有两大作用：一个是能够更准确地认识或发现具体的经济问题。人类的思维具有双向性，即抽象认识的能力越强，对具体事物的认识能力越强。所以，掌握经济理论具有能够更好地认识具体经济问题的作用。再一个是能够抽象地做出准确的超前性认识。因为理论思维可以抽象地超前定一个时间点，再由那个时间点抽象地往回看，就能对现在和未来一定时期的情况像"事后诸葛亮"一样看得透彻。

正是基于经济理论的这两大作用，本书对当前中国工业化问题和通货膨胀问题做出了一种尝试性的具体研究。

钱 津

于中国社会科学院经济研究所

导论：看得见的手

在 21 世纪经济全球化背景下，中国工业化的进程呼唤理论的开拓与指导，理论应大步走在实践的前面。不论是自然科学领域，还是社会科学领域，同样，没有科学的理论，就没有科学的实践。经历改革开放 30 年风雨洗礼，面对 2008 年的现实，肩负时代重任的中国经济理论界，需要更进一步地发挥思想探索和认识创新理论的研究作用。

一、从看不见的手到看得见的手

中国的工业化，起步于 20 世纪，将完成于 21 世纪。中国改革开放的过程，同时也是中国工业化加快的过程。而认识这一过程，站在现时代的高度，作为经济学的大智慧，就是不仅要讲看不见的手，更要告知人们看得见的手。

1. 看不见的手

自从 18 世纪英国经济学家亚当·斯密向世人展示了那个时代经济学研究对市场规律存在的形象概括，看不见的手就演化成一种经济学的专用术语，为学习和研究经济学的人熟悉，也为更多不学习和研究这门学科的人熟知。到了现代，在经济学思想的传播和应用中，用看不见的手来解释或表述的内容更加丰富了。但是，历时 4 个世纪以来，无论是大学生、教授、学者，还是企业家、生意人、政界人士，对看不见的手基本含义的理解，都同 18 世纪经济学家们是一样的，即都知道市场中有一种不可抗拒的力量，迫使所有进入市场的人接受其主宰。

从亚当·斯密到现代活跃在世界各地的经济学家，一代又一代的布道者向求知者讲述着看不见的手，表现了经济学领地历久弥新的既定思想传承。这只看不见的手让人惊叹，也让人迷惑。惊叹的是社会也像自然界一样高深莫测，市场存在不以人的意志为转移的规律。迷惑的是近代以来自然科学不断地加深对自然规律的认识，但为何经济学至今还只能对看不见的手顶礼膜拜。

作为一种认识的发展，在市场经济国家，尤其是新兴的市场经济国家，一些经济学家在尊崇看不见的手的基础上，进一步提出市场是万能的论断。然而，恰恰是这一论断的张扬让现代经济学饱受羞辱，近乎无地自容。因为人们不禁要问：既然市场有至今仍是看不见的手，且市场又是万能的，那么，经济学的研究是做什么的，经济学家们又有何用？

对于中国工业化的漫长进程，如果中国经济学界只能提供看不见的手和市场是万能的见识，跟在政府和企业的后面，做政策解释和经验总结，最多表现为"事后诸葛亮"，那恐怕不光是要挨骂，更可能会被时代无情地摈弃。

必须明确，从 18 世纪至今，经济学讲看不见的手是没错的，这是由于无论何时何地，市场都客观地存在运行的规律。经济学的研究坚持认为市场存在看不见的手，就是坚持强调市场存在客观规律。只不过；现代经济学研究不能只是坚持强调市场存在客观规律，而不进一步科学地认识客观规律。只讲看不见的手的经济学，必然是难以存活的。在现时代，可以概括地说经济学的任务就是要研究看不见的手，使市场上看不见的手渐渐地成为在理论上看得见的手。

2. 看得见的手

在现代经济学的语汇中，看得见的手主要是对政府干预市场的形象概括。但一词可以多义，在此，我们用看得见的手表示经济学对市场客观规律的认识。从看不见的手到看得见的手，是经济学研究质的突破，是现代经济学对传统经济学的超越，是人类对自身经济生活认识的巨大进步。

研究中国工业化进程，需要认识和利用看得见的手。中国的工业化具有中国特色，但并不是特例性的工业化，从市场经济的角度认识其他国家的工业化，包括已经实现的工业化和尚未实现的工业化，有共同的看得见的手，即有同样的经济规律。

认识并利用看得见的手，从宏观讲，能够使政府对市场的干预做到心明眼亮，符合现代市场经济的客观实际要求，更好地保持国民经济运行秩序，取得社会资源配置的最好效益，有力地推进中国工业化的整体进程；从微观讲，可以让企业在市场纵横捭阖，不断增强实力，获得更多的发展机会，更好地实现企业的经营战略目标，创造更多财富，造福社会；从现代经济学的研究讲，认识看得见的手并利用看得见的手为社会经济发展服务，是经济学发展的永恒目标。现代人类的经济生活是高度复杂的，相应的，现代的看得见的手也是高度复杂的。现实地讲，没有对现代高度复杂的看得见的手的一定深度的认识，就根本无法准确地认识同样也是高度复杂的中国工业化进程。

二、从个体经济人假设到社会经济人假设

认识看得见的手，发展现代经济学，首先需要发展经济人假设，从仅有个体经济人假设发展到既有个体经济人假设又有社会经济人假设。在对中国工业化进程的研究中，现代经济学的发展需要有这一基本假设学说的推进与完善。

1. 个体经济人假设

在经济学的学科发展史上，曾经有过三次关于经济人假设的大争论。① 但是，迄今为止关于经济人假设的研究，历史证实并没有显现出严谨思想逻辑的制约力量，甚或说，在这一经济学的认识基点上，比较充分地暴露了传统经济学基础理论研究中的某种逻辑缺失，而这种与学科的科学发展根本不相容的状况在 21 世纪的现代经济学研究中得到彻底的转变。

概括地讲，长久以来，有关经济人假设基础研究的逻辑缺失，主要体现在以下两个方面：

其一，将经济人与人等同。在经济学界，指责或批判经济人的声音总是源于对人性的维护和理解，而提出以及拥护经济人的解释也没有讲明白经济人不是人的道理，这就是传统经济学在基本认识逻辑上的混淆。在现实生活中，只有具体的人，没有抽象的经济人。作为经济学研究假设前提的经济人，只是对现实人的经济行为的抽象和经济生活侧面的反映。所以，讲自私是伦理学概念，并不是经济学概念，个体经济人所假设的，仅仅是理性地维护自身

---

① 杨春学：《"经济人"的三次大争论及其反思》，《经济学动态》，1997（5）。

经济利益的人，是生产上想多得产品的人，在市场上想卖东西得钱多一点儿、买东西花钱少一点儿的人。对于理论抽象的经济人，讲利己或利他，讲人的丑恶和美好，都是对经济人与人的概念混同，都是对经济人假设研究的特定限制的不理解或认识走偏，抑或说是传统经济学研究幼稚性的表现。

其二，抹煞经济人的社会性。传统经济学中的经济人假设描述的都是经济人的个体行为，从未涉及经济人的社会性。传统的经典解释是，虽然每个经济人既不打算促进公共利益，也不知道自己是在什么程度上促进公共利益，但每个经济人追求自己的利益，往往能使他比在真正出于本意的情况下更有效地促进社会的利益。这样的经典解释在客观上是一种逻辑的歪曲。事实上，人是具有社会性的，人是靠社会群体的存在而保持自身生命延续的。从人类原始群居时起，就有人类社会，人类社会的存在与人的存在是具有同等意义的。每个人只具有个人理性，每个经济人也只具有个人理性，个人理性是驱使、调整、控制个人行为包括个人经济行为的理性；而社会的存在与发展是依赖于社会理性的，这是维护和增进社会利益的理性，在人类社会的经济生活中，同样存在着这种社会理性。正是由于存在社会理性，有关人类社会整体延续的利益才能够得以保护，以此为存在前提的个人利益才能够真实地归属于个人。以为个人理性可以自发地维护和增进社会利益的观点，不是幼稚，而是逻辑不通。在这样的逻辑缺失下，直至今日，经济学基础理论研究中的经济人假设，还只有个体经济人，没有社会经济人，经济人具有的真实的社会性被逻辑偷换成由个体经济人利益集成的虚假的理想性。

2. 社会经济人假设

抹煞经济人社会性的逻辑错误的长久保留，无视社会理性的存在及其作用，以及只以个体经济人作为经济学基础理论研究的假设前提，已经在深入研究维护和增进社会利益等方面牢牢地拖住了人类经济思想前进的步伐。

缺失社会经济人假设的经济学研究难以认识看得见的手，无法建立科学的宏观经济理论体系，也无法为国民经济的宏观调控提供科学的理论指导。从经济学研究的需要讲，假设是在对人类经济生活的实质性问题进行研究之前需要首先明确的前提条件，它们是经济学家进行逻辑推理和演绎过程的基础和起点。因此，在当前形势下，深化经济人研究，增加社会经济人假设，必将成为推动 21 世纪经济学理论创新的制高点，成为宏观经济理论研究的必要逻辑前提，以及现代经济学理论能够真实地指导国民经济宏观调控的起点。

如果我们给出一个定义，那么社会经济人假设就是指对人类经济活动中维护社会整体利益的社会理性的抽象，或者说，是对各个国家市场经济中的客观需要的社会理性的人格化表示。这也就是说，现代经济学发展需要的社会经济人拥有社会理性，人类的社会理性在经济生活中可被理论抽象为社会经济人。作为经济人的社会性表现，假设的社会经济人应具有的保证国家经济安全、保持经济结构平衡、保护经济发展活力、保障收入分配公平、严密控制货币管理、规范市场交易秩序、实现区域平衡发展、促进科学技术进步、全面实施社会救助、坚决落实天赋人权等理性基点将是用于指导现代市场经济实践的现代经济学理论研究必不可少的认识前提。[①]

三、从生产函数理论到契约组合函数理论

进入 21 世纪，认识看得见的手，经济学的研究还需要从只有

---

① 钱津：《论社会经济人》，《贵州财经学院学报》，2007（5）。

生产函数理论发展到既有生产函数理论又有契约组合函数理论。这两种理论代表着两个不同的时代，生产函数理论代表着 20 世纪上半叶之前人类社会的生产约束时代，契约组合函数理论代表着 20 世纪下半叶之后人类社会的市场约束时代。时代不同了，经济理论必然要发展。

1. 生产函数理论

在传统经济学中，生产函数理论占有重要地位。曾经在高等教育阶段学习过经济学的人，肯定都学习过生产函数理论。这一理论经常是大学的经济学考试内容。翻开任何一本介绍 20 世纪经济学的辞典，我们都会看到关于生产函数理论的阐述。一般认为：生产函数是表明在既定的技术水平下，生产要素投入量的组合与产品的最大量之间技术关系的函数。它既可以用于描述某个企业或行业的生产特征，也可以作为总生产函数应用于整个经济。在新古典经济学的生产分析中，通常把企业视为将投入组合转化为产出"黑匣子"，生产函数就是对企业这种功能的量化描述。生产函数所表明的是一种技术关系，在任何技术条件下，都存在一个与之对应的生产函数。[①]

生产函数理论表述的是企业的生产投入与产出的关系。企业的投入可以表现为不同的资本与劳力的组合，但在既定的条件下，企业要追求最大产出的最优组合。生产函数理论所分析的，就是企业如何才能实现这种最优的资本与劳力的组合。这一理论是以技术水平的既定为支点进行分析的，如果技术发生变化，那么生产函数的关系就要随之发生变化。生产函数理论要向企业灌输的理念就是重视生产，在既定的技术水平下，要追求最优的资本与

---

① 刘树成主编：《现代经济辞典》，第 906 页，凤凰出版社、江苏人民出版社，2004。

劳力组合，要实现最大的产出。为获得最大的产出，无论企业生产何种产品，都应遵循生产函数理论的要旨，认真做好自身企业资本与劳力组合的选择。

2. 生产约束时代

经济理论是对人类经济生活实践的抽象反映，不同时代的经济生活产生不同时代的经济理论。生产函数理论就是对生产约束时代人类经济生活的反映。在生产函数理论反映的时代，经济是短缺的，市场是以卖方为主，企业基本不用考虑市场问题，无论对于哪个企业，市场都是巨大的，生产都是跟不上市场也无法满足市场现实需求的。无论在哪个国家，经济的发展都表现为受生产的约束，或是说，受生产技术发展水平的约束，生产能力的提高落后于市场需求的增长。所以，在这一时代，经济学研究关注的是在既定的技术水平下如何通过不同的生产函数组合获得最大的产出。

任何人都不要以为经济学家能够随心所欲地任意创造经济理论。就像做梦一样，若没有真实的生活经历，再怪诞的梦，也是没有的。在 20 世纪中期的新技术革命之前，人类社会就是处于生产约束时代，第一次工业革命和第二次工业革命推动的技术进步还不足以支撑人类走出生产对生活大幅度提高的约束。在那时，不要说经济落后国家的生产处于受约束的状态，就是欧美强国的生产也是受当时技术发展水平的限制的。那个时代最高的技术表现仅仅是蒸汽机车、螺旋桨飞机、燃煤轮船、普通机床、尚未民用化的核技术等等。在生产约束时代，经济学的研究只能创造出生产函数理论，只能用生产函数理论教育大学经济学专业的学生和指导企业在既定技术条件下努力提高产出的生产实践。

3. 契约组合函数理论

从生产函数理论发展到契约组合函数理论，同样是21世纪经济

学基础理论研究的重大推进。契约组合函数理论并不否定生产函数
理论，而是建立在生产函数理论的基础之上的。生产函数理论研究
的是在既定的生产约束条件下如何提高产品的生产数量问题。契约
组合函数理论研究的是在既定的市场约束条件下如何提高企业的货币
收益问题。如果没有 20 世纪中期的新技术革命，没有由此推动的技
术进步，没有在巨大的技术进步前提下改变的市场关系，使得市场由
以卖方为主演变为以买方为主，形成了全世界普遍性的市场约束，那
就没有必要研究契约组合函数理论，经济学理论可以永远停留在只讲
生产函数的历史时代。但是，事实是没有这种假设，在 20 世纪中期，
世界真实地经历了新技术革命，经济学的理论研究必须随之发展。

契约组合函数是指在既定的市场发展水平下，企业的资本投
入组合与市场的最大占有量之间契约关系的函数。这一函数关系
可以用于描述企业契约组织的生存状态，应用于分析和指导现代
市场经济条件下的企业经营实践。在现代经济学的视界中，不仅
要有对生产函数所表明的技术关系的研究，而且更需要有对契约
组合函数所表明的企业与市场的关系研究。在现代市场经济条件
下，对于任何类型企业来说，都存在一个表现企业生存与市场约
束之间的契约组合函数。契约组合函数理论表明：现代企业的生
产能力是受市场需求限制的，现代企业经营的关键是寻找和创造
更大的市场，企业的契约组合更重视的是市场对企业的约束，这
与企业受生产约束的时代相比是截然不同的。按照契约组合函数
理论的要求，现代企业的经营不能仅仅停留在追求最大量的产品
生产上，而是要真实地生存在市场之中追求最大量的货币收益。[①]

4. 市场约束时代

契约组合函数理论是表现市场约束时代人类社会经济生活的

① 钱津：《劳动效用论》，第 220 页，社会科学文献出版社，2005。

理论。由于新技术革命极大地提高了人类的生产力，终于使得人类社会在20世纪中期之后走出生产约束时代，进入一个受市场约束的新时代。在生产约束时代，企业生产不能满足市场发展的要求。在市场约束时代，市场约束企业生产能力的兑现。不论是哪行哪业，若企业的经营不用考虑市场约束，那就可以只管扩大生产，或是只管不断地提高企业的产量，相应，企业生产的产品越多，企业的效益就越好。但现在看来，这种经济学研究的时代已经一去不复返了。在新技术革命之后，当然，经济学还是要研究如何提高企业的产量以及产品质量，只是，更现实更重要的研究必须转为对企业与市场关系的研究，不顾市场的约束一味扩大企业的生产规模是不可能的，任何企业在市场约束时代都必须根据市场的需求或是说依据对市场的占有能力决定企业的生产规模。

在现时代，如果经济学的专业教育还是只讲生产函数理论，不讲反映市场约束时代要求的契约组合函数理论，那是对受教育者的一种不负责任。在中国工业化的进程中，需要众多的企业经营者在掌握生产函数理论的基础上再进一步掌握契约组合函数理论，以适应新的时代要求。国务院国资委全球招聘央企高管人选第一人、原中国华源集团总裁、现中国恒天集团副董事长张杰在他的博士学位论文《以客户为中心的制造业企业管理模型及应用》中分析了当前制造业发展趋势以及企业所处的市场特征，提出在新的发展趋势下，客户关系已经成为企业的重要资源，制造业企业只有以客户为中心，不断创新和完善自己的管理模式，构筑独特的差别和优势，才能在激烈的竞争中立于不败之地。可以说，他的研究客观准确地表达了现代企业经营迫切需要适应市场约束的生存宗旨，具有普遍的现实意义。新的科学技术进步已铸就了新的时代，时代的变化导引了市场的发展，契约组合函数理论对新时代企业经营背景的抽象概括，反映了市场约束时代已经取代生产约束时代的理论进步，开拓了现代经济学研究的新视角，将对中国工业化进程的理论研究更加贴近现实的经济生活。

四、从实体经济研究到虚实一体化研究

现代经济学要认识看得见的手，具有相当的难度。传统经济学只是研究实体经济，还只能是崇拜看不见的手，始终未能建立认识看得见的手的信心。现代经济学既要研究实体经济，又要研究虚拟经济，更要实现虚实一体化的研究，当然难度就大得多了。这种虚实一体化的经济学研究，既是现代经济学发展的最前沿，也是保证从理论上能够准确认识中国工业化进程的关键。对于现代经济学来说，研究虚拟经济，并非只局限于虚拟经济领域，而是要放在整个国民经济的运行范围内进行研究，只有这样，现代经济理论才能够真实地概括反映现代人类经济生活的实际。而虚实一体化的研究，既要以实体经济的研究为基础，又要以虚拟经济的研究为基础。在现实需要的促进下，2000 年 10 月，南开大学组建了中国第一个虚拟经济与管理研究中心，展开了现代经济学范式的专门研究，迄今已有 8 年的历史，取得了丰硕的研究成果。[①]

1. 实体经济

从某种意义上讲，传统经济学主要是研究实体经济的。因此，传统的经济理论主要是实体经济理论。实体经济是人类生存必须依靠的物质生产和非物质生产的劳动内容，包括农业、畜牧业、养殖业、采矿业、工业、运输业，商业、银行业、服务业等等。相比之下，国民经济的主要构成是实体经济，或者说，即使是在

---

① 王爱俭主编：《虚拟经济与实体经济关系研究》，经济科学出版社，2004。

现代市场经济很发达的时期，在虚拟经济很发达的时期，人类社会中的绝大多数人还是要从事实体经济范围内的劳动。一个国家的经济发展主要是发展实体经济，一个国家的经济发展水平的提高也主要是表现在实体经济的发展水平的提高上。经济学的研究主要是研究实体经济，这是不会改变的，只是到了现代，经济学的研究不能仅仅局限于实体经济的研究，尤其是在虚拟经济的发展已经对国民经济产生很大影响的时期，经济学就更要跳出单纯研究实体经济的框架，将包括虚拟经济在内的国民经济作为一个有机的整体进行全新的理论研究。

2. 虚拟经济

直到如今，中国经济学界还没有对虚拟经济统一认识。由南开大学虚拟经济与管理研究中心主办的"全国虚拟经济研讨会"已经开过4届了，但对虚拟经济给出一个准确的定义，让所有的人都能爽快地接受，似乎还是不那么容易。在这一问题上，虽然人们的认识分歧不是很大，但是明显的细微认识差别还是存在的。

目前，可以对中国经济理论界关于虚拟经济的认识做出以下概括：

一种比较窄的界定虚拟经济的观点认为：虚拟经济就是证券市场活动，所有的证券交易活动都应称之为虚拟经济活动。

一种比较宽的界定虚拟经济的观点认为：虚拟经济是指除物质生产领域以外的一切经济活动，包括体育的产业化、文化艺术的商业活动、银行、保险、房地产、教育、广告、服务业等等内容。

在中国最先推动虚拟经济研究的原全国人大副委员长成思危教授的观点，具有较为普遍的代表性。他认为：虚拟经济是指与虚拟资本有关、以金融系统为主要依托的循环的经济活动，简单地讲就是直接以钱生钱的活动。

一些研究金融理论的学者和金融界人士基本一致地认为：虚拟经济就是指金融活动，即虚拟经济等于金融市场活动。只不过，他们在明确表述这种观点的同时，并不将他们研究的金融活动改称之为虚拟经济活动。

作为中国社会科学院经济研究所的基础经济理论研究人员，我们认为：虚拟经济是一种现代劳动分工的表现，是指在实体经济中的价值独立运动之上又出现的价值独立运动。虚拟经济不包括实体经济中的金融活动，即并非所有的金融活动都属于虚拟经济，只有扣除了实体经济的金融活动之外的金融活动才是虚拟经济。这种认识是从劳动分工的角度界定虚拟经济的存在及其作用的。①

3. 虚实一体化研究

虚拟经济是不可能独立存在的，虚拟经济是派生经济，是以实体经济的存在及其作用为根基的，虚拟经济是服务于实体经济的，实体经济创造的终点效用才是满足人类社会消费最终需要的。但是，在现代市场经济条件下，虚拟经济是国民经济运行中最敏感的神经，因此，现代经济学需要高度重视对于虚拟经济的研究，高度重视和积极展开现代市场经济的虚实一体化研究。

股票发行市场属于实体经济，股票交易市场属于虚拟经济，所以，仅仅是对股票市场的理论研究，就是一种经济学的虚实一体化研究。进一步展开说，股票的交易价格与猪肉价格肯定是密切相关的，因为购买股票和购买猪肉使用的是同一货币，不论币值是否发生变化，它们之间都必然具有紧密的关联性。在越来越多的企业涌入股票市场融资的状态下，忽略对于股票交易市场的

---

① 钱津：《论虚拟经济下的宏观调控》，《开放导报》，2006（6）。

研究和控制，若一旦发生大量的购买股票的货币转向实体经济领域去疯狂购买猪肉，或是原本购买猪肉的货币突然转向虚拟经济领域去争抢购买股票，那结果都不可能不是灾难性的。在市场经济中，不论是由股票的交易拉动整个市场价格上涨，还是由猪肉价格的调整拉动整个市场价格上涨，其效果都是一样的，如果说哪一方面的影响更大一些，那只可能是股票交易拉动整个市场价格上涨的冲击力更为强烈。因而，在现代市场经济条件下，看到实体经济领域价格发生波动，就只是治理实体经济领域的价格，百分之百是徒劳无益的，而虚实一体化研究的前沿意义也正是体现在这里。经济理论研究的发展表明，虚拟经济与实体经济之间是贯通的，现在对实体经济中发生的任何问题，都决不能无视来自虚拟经济领域的影响。

根据虚实一体化的初步研究，近年来，中国经济理论界已经认识到，实体经济是基础，国民经济是整体，对于现代市场经济中的虚拟经济的宏观调控必须为满足实体经济正常运行和健康发展的需要进行，必须是以实体经济的结构调整和运行方式的转变要求为依据，进行全方位和多层次的由完善的市场经济体制规范的宏观调控。中国经济理论界关于中国工业化进程的研究，必须更为充分地依据现代经济学虚实一体化研究的认识成果，或者更准确地说，在21世纪，关于中国工业化进程的研究，这本身就是最好的联系现代市场经济发展实际的概括国民经济全范围的虚实一体化研究的现代经济学理论探索和创新的案例。

第一章　中国进入工业化
腾飞阶段

当新世纪来临的时候，中国经济还没有走出市场疲软的阴影。但是，仅仅过了两年多一点的时间，在 2003 年，在 SARS（严重急性呼吸窘迫综合症）病毒肆虐狂扫中华大地之后，经济过热、投资过热、产能过剩、增长偏快等字眼就不断地出现在中国的各种媒体之上，这其中有来自理论界的声音，但更多的还是全国各界人士表现出来的担忧。人们是依据何种理论做出略微有些骇惧的判断，不得而知。相反，若是从现代经济学研究的看得见的手的角度审视，那么可以这样说，如此状况，恰恰是预示着中国人梦寐以求了多少年的中国工业化腾飞阶段的到来。

一、2004 年：中国工业化腾飞的起点

如果中国是在 2004 年承办北京奥运会，那么，中国的 2004 年就几乎与 1964 年的日本和 1988 年的韩国大体一样，在承办完奥运会之后，实现工业化的腾飞。

1964 年，也就是距今 44 年之前，日本在东京成功地承办了第 18 届奥运会。此前，日本的工业化经过战后 19 年的恢复，已达到

较高的发展水平，不仅初步开发了北海道，而且成功地建设了东京与大阪之间全长 515.8 公里的东海道宽轨高速铁路新干线，成为代表当时日本工业化水平的显著标志。至 1963 年，日本的恩格尔系数已经下降到 39.3%，非常接近经济发达国家的水平。而东京奥运会之后，日本的经济结构发生了巨大的变化，以工业为主的第二产业地位越来越重要，导致就业结构变化和农业人口向工业和服务业转移；自此日本进入战后最大的经济增长期，从 1965年到 1970 年持续增长 57 个月，国民经济整体增长 122.8%，工资上涨幅度达到 114.8%。日本东京 2016 年奥申委主席兼 CEO 河野一郎先生认为，奥运会是日本的一个转折点，日本经济就是在那个时候开始起飞的。① 那个时候，即 1964 年，是公认的日本工业化腾飞的起点。自那时至 20 世纪 90 年代初，是日本工业化的腾飞阶段，长达 20 多年，直至日本实现人均 GDP 世界排名第一。

1988 年，也就是距今 20 年之前，韩国在汉城（即今首尔）成功地承办了第 24 届奥运会。此前，"韩国似乎只是个很少被人注意的小国。然而，16 天的奇迹，仿佛改变了这个国家的命运。作为第一个承办奥运会的发展中国家，韩国给了世界一个惊奇。之后，以奥运会为起点，韩国开始了长达十多年的经济腾飞"。② 进入 21 世纪，走出亚洲经济危机的韩国人均 GDP 已由 1 万美元大幅度地升到 1.5 万美元，而 2008 年新当选的韩国总统李明博的施政目标是一定要再提升到 4 万美元。

但是，中国不同于日本，也不同于韩国。中国工业化腾飞的起点不是在举办奥运会之后，而是在举办奥运会之前，即不是在

---

① 李关云：《1964：日本睁开双眼》，《21 世纪经济报道》，2007 年 11 月 14 日、28 日。

② 堵力、曹竞、辛明等：《汉城奥运：一个国家现代文明的拐点》，《中国青年报》，2008 年 1 月 8 日。

2008 年之后，而是在 2008 年之前，是在 2004 年就实现了腾飞。

2004 年，这一中国工业化腾飞的起点，必将永远镌刻在中华文明发展的光辉史册上。从 2004 年到 2020 年，相比日本、韩国的工业化实现历程，这一期间，就是中国工业化的腾飞阶段。

按照调整前的数据，新华社北京 2005 年 5 月 4 日报道：2004 年，中国 GDP 达到 13.65 万亿元，人均 GDP 突破 1 万元。相比 1964 年日本人均 GDP 不足 1000 美元和韩国 1988 年人均 GDP 超过 2000 美元，这一突破可以作为中国工业化进入腾飞阶段的标志。

根据调整后的数据，自 2003 年中国经济增长达到 10% 之后，2004 年增长 10.1%，2005 年增长 10.4%，2006 年增长 11.6%，2007 年增长 11.9%，一路升高。这与日本、韩国的工业化腾飞阶段的表现是一致的。回顾历史，中国的市场疲软在 2002 年还未完全结束，而 2003 年又遭遇严重的 SARS 病毒侵害。所以，饱经风雨走来的中国经济工业化腾飞起点只能是历史性地定格于 2004 年。

中国社会科学院经济学部课题组的研究表明："从全国看，到 2005 年，中国的工业化水平综合指数达到 50，这表明中国刚刚进入工业化中期的后半阶段。如果将整个工业化进程按照工业化初期、中期和后期三个阶段划分，并将每个时期划分为前半阶段和后半阶段，那么中国的工业化进程地区已经过半。1995 年，中国工业化水平综合指数为 18，表明中国还处于工业化初期，但已经进入初期的后半阶段。到 2000 年，中国的工业化水平综合指数达到了 26，这表明 1995 到 2000 年的整个'九五'期间，中国处于工业化初期的后半阶段。到 2005 年，中国的工业化水平综合指数是 50，这意味工业化进程进入中期阶段。也就是说，'十五'期间，中国工业化进入了高速增长阶段，工业化水平综合指数年平均增长接近 5。单独的计算表明，在 2002 年，中国的工业化进入中期阶段，工业化综合指数达到了 33，如果认为从工业化初期到工业化中期具有一定转折意义的话，那么，'十五'期间的 2002 年是我国工业化进程的转折之年。从静态计算，如果在未来中国能够保持'十五'期间我国工业化水平综合指数的年均增长速度 4~5，2015 至 2018 年，再经过 10~13 年的加速工业化进程，我国工业化水平的综合指数将达到 100，中国工业化将基本实现，这与我们到 2020 年长期的现代化战略目标要求是相符合的。即使按照'九五'和'十五'整个 10 年间我国工业化水平综合指数的年均增长速度 3.2 推算，到 2021 年，我国的工业化水平综合指数也将达到 100，中国将实现工业化。"①

依据上述工业化水平综合指数数据，中国工业化进入中期阶段即腾飞阶段是在 2002 年至 2005 年，也就是说，这一重大的转折是在十五计划期间实现的。关于这一时段的认定，以及关于腾飞之后中国工业化基本完成时间的推定，不论是从数据出发，还是从事实出发，都是没有争议的。只是，认定这一时段之后，更准确地讲，中国工业化腾飞的起点是在 2004 年。来自国家统计局的权威数据表明：在 2004 年，中国许多省份的固定资产投资是 2003 年的接近一倍或数倍以上。东北的辽宁省，2003 年的投资总额是 677 亿元，2004 年的投资总额是 3085 亿元，增长 355%，而且，2005 年继续增长，投资总额为 4318 亿元；华北的河北省，2003 年的投资总额是 846 亿元，2004 年的投资总额是 3271 亿元，增长 286%，而且，2005 年继续增长，投资总额为 4160 亿元；华东的浙江省，2003 年的投资总额是 1653 亿元，2004 年的投资总额是 6279 亿元，增长 279%，而且，2005 年继续增长，投资总额为 6997 亿元；华东的山东省，2003 年的投资总额是 1777 亿元，2004 年的投资总额是 6959 亿元，增长 291%，而且，2005 年继续

① 中国社会科学院经济学部课题组：《我国进入工业化中期后半阶段——1995~2005 年中国工业化水平评价与分析》，《中国社会科学院院报》，2007 年 9 月 27 日。

增长，投资总额为 9490 亿元；中南的广东省，2003 年的投资总额是 1905 亿元，2004 年的投资总额是 6555 亿元，增长 244%，而且，2005 年继续增长，投资总额为 7741 亿元；西北的甘肃省，2003 年的投资总额是 350 亿元，2004 年的投资总额是 723 亿元，增长 106%，而且，2005 年继续增长，投资总额为 871 亿元；西南的贵州省，2003 年的投资总额是 440 亿元，2004 年的投资总额是 864 亿元，增长 96%，而且，2005 年继续增长，投资总额为 1037 亿元。总之，相比 2003 年，一些省份 2004 年的投资大幅度增长，带动 SARS 病毒横扫过后的全国市场呈现空前活跃的景象。所以，很自然，在神州大地，从南到北，从东到西，人们的普遍直观印象是 2003 年有 SARS 猖獗，2004 年出现了从来未有过的经济腾飞。

此时，2008 年，我们还有讨论北京奥运会是不是中国经济拐点的需要吗？有一些人担心 2008 年奥运会之后中国经济回落，是根本就没有意识到中国的工业化在 2004 年已经进入了腾飞阶段，北京奥运会正是在这一特定的阶段举办的，而且，无论有无奥运会，都无碍于中国工业化腾飞阶段的挺进。还有一些人认为北京奥运会是中国经济腾飞的新起点，同样也是根本就没有意识到中国的工业化在 2004 年已经进入了腾飞阶段，北京奥运会正是在这一特定的阶段举办的，历史已经证实中国经济并不是在奥运会之后才开始腾飞。

重要的是，我们在 2008 年确认中国工业化自 2004 年起已进入腾飞阶段，是为了有助于各个国家的政府和企业能够很好地认清当前与今后一段时期的中国经济形势。不管是在哪一个国家，毕竟工业化的腾飞阶段都不同于平常时期。腾飞必然带来高增长，然而，这是不同于平时的高增长。这也就是说，同样的高增长率，在平常时期是疯狂的表现，在腾飞阶段却是很正常的状态。现代经济学的研究不能再是事后诸葛亮，更不能还讲看不见的手。而只要能够明察看得见的手,那我们就不必等到 2020 年之后中国工业化实现之时才认识到 2004 年以后的这十几年是中国同各个已发达国家一样要经历的工业化高增长腾飞阶段。

二、持续高增长：工业化腾飞的特征

面对近年来中国经济的高增长,有人高呼"狼来了!"在具有这般恐惧心理的人看来,中国经济长期处于低增长状态才是理想化的。中国改革开放之前,不就是长期低增长吗? 难道让中国经济退回到改革开放之前,那些人才能够心安吗? 2008 年是中国改革开放 30 年大庆之年,凡是经历过这 30 年的成年人,无不为中国改革开放取得的巨大成就而欢欣鼓舞,无不为自己的生活改善而由衷喜悦。在 30 年前,中国有四分之一的人口生活在贫困线之下,中国经济被排在世界最落后的 10 个国家之内,中国的大学在停办 10 年之后刚刚开始恢复招生,中国工人和干部的工资已经十几年没有增加,中国的城市人口多数住房狭窄且质量很差,中国只有极少数家庭拥有电话、电视、电冰箱等家用电器。正是在这种历史形势下,30 年来,中国才要改革,中国才要开放,中国才需要大幅度地提高经济增长率。如果还不加快经济增长的速度,中国如何才能跟上当代世界的发展,中国如何才能彻底改变贫困落后的面貌? 所以,30 年来,中国改革开放的要求,在经济领域,最迫切的就是尽快实现工业化,实现经济的高增长。而事实上,"从 1978 年到 2006 年,中国的经济总量从 3645 亿元增长到210871 亿元,增长了近 58 倍,GDP 年均增长 9.8%。"①

---

① 汪伟:《1978,中国重新出发》,《新民周刊》,2008(2)。

　　由于实现了高增长，改革开放 30 年后的中国，年人均 GDP 已超过 2000 美元，经济总量跃居世界第四位，每年能有 600 万青年走进大学接受高等教育，职工名义收入提高几十倍至上百倍，城市住房条件得到显著的改善，包括农村在内的许多家庭拥有齐备的家用电器，中国也是世界上拥有固定电话和移动电话最多的国家之一。获得这样的高增长，难道会有人反对吗？如果还是将贫困视为朴素，还是将落后作为骄傲，那才可能还会存在抵制改革开放和高增长的人。

　　目前的主要情况是，许多人拥护改革开放，也欢迎经济实现高增长，只是担忧 2004 年以来的高增长，认为这几年年增长 10.1%、10.4%、11.6%、11.9% 偏高了。出现这种担忧，从根本上说，还是没有认识到自 2004 年起中国工业化已经进入了腾飞阶段。所以，在现实中，有些人不是以中国的腾飞高增长与其他国家腾飞高增长做比较，而是以中国的腾飞高增长与其他国家的经济稳定期增长做比较，结果就产生了不安，甚至不认为 2004 年以来的腾飞是福，反倒怕又是大跃进了。我们认为，做出这样的形势判断，近乎是南辕北辙了，仿佛一朝被蛇咬，十年怕井绳，且缺少工作实践经验和现代经济学的理论支持，一方面还停留在传统经济学的教义之中，另一方面也没有很好地研究其他国家工业化腾飞的经验。这使我们想起 1995 年，在那一年，许多人认为中国在九五计划期间主要应是防止经济过热和通货膨胀，而实际结果是在那期间中国遇到一年接一年的市场疲软和通货紧缩，也是判断与现实南辕北辙。更需要进一步解释的是，造成九五计划期间市场疲软肯定是内因，决不是某些人所说的外因，因为当时的亚洲经济风暴是金融危机，而中国金融至今尚未对外放开，且中国外贸也就是自那时起极大幅度地增长至今的。由于依据传统经济学无法准确认识中国的现实经济，因而我们需要用现代理性化解那些对于中国工业化腾飞阶段高增长感到担忧的情绪。对此，我们要明确地讲，根据现代经济学的研究，任何国家实现工业化都必然要经历腾飞阶段，在腾飞阶段必然要出现持续的高增长，即工业化腾飞阶段就是一个经济的持续高增长时期，这种持续的高增长是福不是祸，是工业化腾飞阶段的基本特征。

"比如日本在高增长时期名义 GDP 的增长率超过 15%，同时日元对美元的汇率提高了 3 倍，而韩国在高增长时期名义 GDP 的增长率接近 30%。"[①] 这就是说，日本和韩国工业化的历史经验已经证明，腾飞阶段是持续高增长的。除去这种经验的例证，南开大学经济研究所柳欣所长多年来还对经济增长理论进行了深入的研究，在理论研究的基础上，指出中国当前的经济增长率应达到 20%。[②] 根据他们的最新研究成果，人们可以确切地得知，同日本和韩国的工业化进程几乎一样，中国在经济高增长时期，也必然会形成持续的不同于平常时期的高增长。

如果对腾飞阶段的持续高增长深感担忧，可能会对中国的工业化进程产生不良影响。一是不能积极地应对腾飞，不能强化工业化腾飞的动力，不能有效保持腾飞的连续性。应该说，在市场经济条件下，即使缺少自觉应对工业化腾飞的理性，也会形成自发应对工业化腾飞的机制，不会产生莫名的担忧。在中国近年的现实中，出现了对腾飞高增长的各种担忧，恰恰说明中国目前的市场经济还远未达到应有的完善，在对经济发展形势的分析上还是习惯求稳有余而自觉理性不足。44 年前，日本进入工业化腾飞阶段之后，是举国上下齐努力，一再鼓劲再鼓劲，各行各业激情爆发，一直瞄准世界强国追赶，马不扬鞭自奋蹄。20 年前，韩国

[①] 柳欣:《经济学与中国经济》，第 5 页，人民出版社，2006。

[②] 柳欣、李江丁:《我国经济增长率之辩：8% 还是 20%》，《开放导报》，2007(5)。

进入工业化腾飞阶段之后，也是举国上下齐努力，马不扬鞭自奋蹄，与当年的日本相比，实在是并无二致。而在中国，至今总是有人强调日本经济的泡沫，指责人家的缺点，处处提醒中国不要学习日本的泡沫经济，可就是没有想一想，有泡沫又怎样，即使是相比泡沫破碎后的日本，中国 2007 年的 GDP 也仅仅是刚超过日本的一半，1.5 亿人口的日本经济总量是世界第二，13 亿人口的中国不仅经济总量落后于日本，而且人均 GDP 仅是日本的十五分之一。问题在于，要实现工业化，就不能不理性地应对腾飞，就不能没有自发的活力，缺少理性和活力，必定影响我们的腾飞。再者，过度的担忧还可能产生对于腾飞的人为压制，使腾飞阶段步履艰难。如果对于腾飞中的高增长大动干戈，轻者一一砍削投资项目，重者全面实行金融紧缩，那结果就可想而知了，必定会由担忧转向实际阻碍腾飞了。

三、在工业化进程中为何出现腾飞

理性地应对工业化腾飞，需要知道为什么在工业化进程中一定会出现腾飞。这是一个传统经济学无法解答的问题，也是一个现代经济学正在探索的问题。就我们的探索来讲，这可以用山体效应理论和腾飞假说解释。

1. 山体效应理论

与木桶理论强调的因存在短板而制约整体水平的认识不同，山体效应理论是讲，一个国家或地区的劳动中的智力发展水平的高点决定整体经济的发展水平。认识现代社会的经济发展，认识中国的工业化腾飞，需要依据山体效应理论，而不能依据木桶理论。

对于解释现代经济中出现的问题，目前广为传播的木桶理论其实存在相当大的认识局限性。特别是，认识社会经济生活中的整体性问题，木桶理论更是缺乏说服力。就一只木桶来说，怎么会出现一块短板呢？是做木桶时做上去了一块短板，还是在使用时损坏的呢？而无论是前者，还是后者，都无需短板本身负责，问题都在于木桶的主人。如果一个做木桶的人，不管不顾，偏偏要将一块短板做在桶上，那他不是有病，也是胡闹。如果一个使用木桶的人，造成了木桶的损坏，那他应该及时修补木桶，而不能继续使用有一块板已经短了的木桶，更不能一边使用，一边指责这块短板。显然，木桶理论带有这样的逻辑缺陷，就无法应用于分析复杂的现实经济生活，无法准确地描述任何现实经济整体性的状况，无法解决任何具体经济单位的实际整体性问题。

在现实的社会经济生活中，每一个国家或地区的经济发展整体都必然呈现"山体效应"。"山体效应"是指：在自然界中，山体达到的高度就是地下水可以达到的高度，只要山高，水就可以高。也就是人们常说的，山多高，水多高。借用"山体效应"这一自然规律，山体效应理论的构建，以山体表示某一国家或地区的经济整体，以平面的山形线表示这一整体中发展不平衡的劳动智力水平，以其山形线的最高点即山顶的位置表示这一整体的经济发展水平，以此表明在一个国家或地区的经济发展整体中，劳动智力发展的最高水平决定其经济整体的发展水平。①

根据山体效应理论，任何一个国家或地区的经济发展，都取

----

① 钱津：《劳动效用论》，第148页，社会科学文献出版社，2005。

决于其整体的劳动智力发展；任何一个国家或地区的经济发展水平，都取决于其劳动智力发展的最高水平。经济发达国家是因其拥有的高智力复杂劳动的发展水平达到相当的高度，才带动整个国家的经济发展达到一个挺拔山形的较高水平，其中最高水平的劳动智力因素所发挥的作用决定了整个国家的经济发展水平。发展中国家之所以经济落后，最根本的原因是其经济整体中的劳动智力发展水平低，是其最高的劳动智力发展水平相比发达国家最高的劳动智力发展水平存在较大的差距，用"山体效应"图来表示，只能是一个低矮的山形示意。这也就是说，山体效应理论阐明：在现代，不是各个国家最低点的劳动智力水平决定相互之间的经济发展差距，而是各个国家最高点的劳动智力水平的差距拉开了相互之间的经济发展水平的距离。

在经济高度发达的美国，即使是进入了 21 世纪，也并不是不存在简单劳动者，洗盘子洗碗工、城市清洁工、车工、钳工、铣工、刨工、焊工、电工、木工、建筑工、水暖工、翻砂工、炼钢工、印刷工、运输工、维修工、记者、编辑、文员、店员、服务员、邮递员、演员、艺员、教员、海员、播音员等等，在美国也比比皆是，这些劳动者都不属于现代高智力复杂劳动者，他们的劳动并不决定美国的经济发展水平。支撑美国经济高度发达的是其高智力的科学研究人员、现代技术的研究者和应用者以及高智力的管理人员等。这些高智力的复杂劳动者是其他国家高智力的复杂劳动者难以相比的，所以才造就了美国经济世界第一的辉煌。在中国发射嫦娥探月卫星的时候，美国的太空探测器早已能够飞向火星；在中国欢呼第一次航天载人飞行成功的时候，美国的科学家早已能够让航天飞机重返地球，送宇航员进入太空站工作一段时间。这就是美国经济高度发达的劳动智力基础，无此实力支撑，美国断难称雄世界。但在另一方面，我们看到，尽管纽约的出租车司机不如北京的出租车司机技术高超，更没有北京的出租车司机工作辛苦，其收入却比北京的出租车司机高得多，其生活质量也要比现在的北京出租车司机好得多。这是因为纽约的出租车司机的劳动融入了美国经济的整体，使他们能够在一定的程度上享受到美国高智力的复杂劳动者带来的国家经济整体高度发达的社会果实；而北京的出租车司机的劳动再辛苦，也只能随着北京的高智力复杂劳动决定的北京的经济整体发展水平获取相应水平的收入。

同中国的普通民众相比，日本的普通民众缺少深厚的历史文化传承。这种状况的存在可能使一些中国人感到骄傲与自豪。只是，同样也是历史原因造成的，近代以来，中国的高智力的复杂劳动者的发展水平整体上落后于日本的高智力复杂劳动者的发展水平。日本现在能够成为世界经济第二大国，是与此直接相关的。日本的丰田、索尼、三菱等大企业是世界 500 强之中的佼佼者，颇具实力，代表了日本现代工业的发展水平，也代表了日本经济整体中的劳动智力发展的高水平。在中国的工业化征途上，向日本学习，主要是学习日本的劳动高智力发展。我们不能因为日本曾经侵略过中国就拒绝向日本学习，更不能因为中国比日本有悠久的历史文化而回避向日本学习。日本能够成为走在中国前面的经济大国，自有它的优秀性。我们不能拿自己的长处去比日本的短处，我们应该学习日本的长处，像日本一样，努力提高本国的劳动智力发展水平。中国改革开放的作用，最重要的就是提高劳动智力的发展水平。日本是通过大幅度地提高劳动智力的发展水平实现工业化的，中国也只能是通过大幅度地提高劳动智力的发展水平实现工业化。

欧盟是一个庞大的现代国家经济联合体。近年来，美元不断地贬值，欧元不断地升值，表明欧盟的经济发展形势很好，在世界经济中占有越来越重要的地位。应该说，欧盟国家能够聚合为一体，在统一的货币连结下，共同发展经济，这本身就体现欧盟经济整体中劳动智力发展的高水平。人类社会的发展大势是走向世界大同，因此，当今世界，合是进，分是退。从根本上说，国家的联合与分裂，不是一个政治问题，而是一个经济问题，是一个国家的劳动智力发展水平的问题。我们可以看到，经济发达国家没有一个分裂的，美国经济最发达，来自哪个国家的移民都有，各种宗教信仰的人都有，却只是争当一个总统，没有国土分割之虞；而闹分裂的国家，也没有一个是经济发达的，不管国土大小，总是战火连天，甚至肉弹不绝。从这个意义上讲，欧盟走在了现时代人类社会发展的最前面。在这其中，客观地讲，是各个欧盟成员国的最高水平的劳动智力起到了决定性的作用。

山体效应理论阐明的经济机理具有普遍性，适用于认识各个国家的经济发展过程，也适用于分析中国的工业化进入腾飞阶段的原因。在结合一些国家的实际情况阐释山体效应理论的基础上，我们可以进一步提出腾飞假说，用于解释为什么在任何国家或地区的工业化进程中一定会出现一个腾飞阶段。

2. 腾飞假说

只要我们肯定一个国家或地区的经济发展是由劳动智力的发展水平决定的，那我们就可以对应工业化的过程依据此机理构建一个假说解释腾飞阶段。

假定在工业化的进程中，一定的劳动智力发展使得一定的高技术构建成统领经济发展的高平台，那么，这个高平台基本建成之时就会吸引这个高平台之下的经济运动迅速地向这个高平台之上集聚，从而引起整个经济的发展水平大幅度的提升，进入一个经济持续高增长的腾飞阶段。由于在工业化的进程中，这种高技术的成长是必然的，整个经济运动向高技术平台集聚也是必然的，因此，在工业化进程中一定会出现一个腾飞阶段，这是不可阻止的，也是不可复制的。

对于这一假说，关键是要理解，一个国家或地区的工业化进展一旦达到一定的技术水平高点，就会形成一种导引各个方面经济活动提升水平的技术平台，由此就会出现持续的高增长，直至几乎所有的主要经济活动都跃升至这个高平台之上。这也就是说，工业化达到一定高点之后，必然出现腾飞，腾飞必然是以高增长的方式持续到工业化基本完成。

打一个比方说，一个人达到一定的收入水平之后，他就要迅速地提高生活质量，先要改善膳食，再要更换服装，买了好帽子，还要买好上衣、裤子、外衣、内衣、鞋子、袜子等等一全套不同以往的穿戴，再还要买轿车、买新房子和装修新房子，等等。这一过程就是他的收入达到高点之后带起的生活必然腾飞的过程。在这其中，他不可能只顾吃，不顾穿；也不可能只买好帽子，不买好鞋子；更不会不买车子和房子。腾飞肯定是全面性的，在一定的水平上，所有的活动都要跃上同一平台。

再打一个比方：决定建筑一座高层大楼之后，很长时间是在办理各种开工手续，选择施工队伍，采购建筑材料；而开工以后，又要用很长的时间打地基，先要挖地基槽，再要打桩，浇筑钢筋混凝土地基；在这之前，人们看不见大楼的框架，工程的进展并不起眼；而在这之后，进入正负零以上的地面施工，情况就不同了，可能是几天就起一层楼，几十天以后大楼的主体框架就形成了。如果将整个大楼的建筑过程比作工业化过程，那么，大楼地基完成之后的建筑过程就是腾飞阶段，这是人们可以直观看到的大楼迅速增高的阶段，也是任何大楼的建筑必定要经历的这样的一个阶段。

四、区域不齐步：中国工业化腾飞的特点

中国工业化的腾飞，起点在 2004 年，这是整体性的确定；这一腾飞的阶段将大约延至 2020 年之后，也是整体性的确定。然而，由于现实中区域经济发展不平衡，中国的工业化腾飞将呈现出区域腾飞不齐步的特点，即表现为各个区域的腾飞阶段将长短不齐，特别是会出现明显的落点不齐状况。

中国社会科学院经济学部课题组的研究成果指出："从板块和经济区域看，到 2005 年东部的工业化综合指数已经达到了 78，进入工业化后期的前半阶段，东北地区工业化水平综合指数为 45，进入工业化中期前半阶段，而中部和西部的工业化水平指数为 30 和 25，还处于工业化初期的后半阶段。长三角地区和珠三角地区都已经进入工业化后期的后半阶段，领先于全国水平整个一个时期，环渤海地区也进入工业化的后期阶段。我们的评价分析，清楚量化地表明了各个区域板块的工业化水平差异。从省级区域看，到 2005 年，上海和北京已经实现了工业化，进入后工业化社会。天津和广东则进入工业化后期的后半阶段，而浙江、江苏和山东都进入到工业化后期的前半阶段。这 7 个地区都属于工业化水平先进地区，都高于全国的工业化水平。而辽宁和福建两个地区则与全国处于相同的工业化阶段，同处于工业化中期的后半阶段。山西、吉林、内蒙古、湖北、河北、黑龙江、宁夏、重庆等 8 个地区虽然也处于工业化中期，但只处于工业化中期的前半阶段，低于全国工业化总体水平。陕西、青海、湖南、河南、新疆、安徽、江西、四川、甘肃、云南、广西、海南等 12 个地区，还处于工业化初期的后半阶段，比全国水平落后一个时期。贵州处于工

业化初期的前半阶段，刚刚踏上工业化进程，而西藏处于前工业化阶段，还没有开始其工业化进程。"①

　　通过该课题组的研究成果，我们可以清楚地看到中国区域经济发展的不平衡，认识到中国工业化进程中必然存在区域工业化腾飞不齐步的差距。下面，我们依据该课题组的研究成果给出的2005年的数据做出进一步的分析：上海和北京的工业化综合指数都是100，其发展对全国的工业化实现将起到极大的带动作用，而且，在全国的腾飞中，上海和北京还要继续腾飞，北京已经规划在2015年达到人均GDP10000美元。天津的工业化综合指数是96，表明这个老工业城市具有相当雄厚的基础，其距离工业化的实现只有一步之遥。广东的工业化综合指数是83，这是由于粤北山区的工业化还比较落后，拉了全省的后腿，但即使这样，除去直辖市，广东也将是中国第一个实现工业化的省份。浙江和江苏的工业化综合指数分别是79和78，这表明两省的工业化腾飞的起步水平是很高的，工业化的实现也将走在全国的前列。山东的工业化综合指数是66，但从2005年以后的投资进展看，这个省2006年的投资占了全国的10%，其工业化的步伐是大大地加快了，其实现工业化的时间可能不会相差广东、浙江和江苏太远。辽宁和福建的工业化综合指数分别是63和56，虽然处于中等水平，但这两个省都是有更大腾飞希望的。辽宁是老工业基地，经过几年的振兴，已具备大发展的腾飞条件。福建近年来成立了海峡西岸经济开发区，万事俱备，只欠东风，随着两岸关系的进展，福建将迎来工业化腾飞的最佳时期。山西的工业化综合指数是45，但只要这个省能够走出煤炭经济的束缚，其工业化的腾飞步伐必能加快。吉林和内蒙古的工业化综合指数都是39，应该说都

---

　　① 中国社会科学院经济学部课题组：《我国进入工业化中期后半阶段——1995—2005年中国工业化水平评价与分析》，《中国社会科学院院报》，2007年9月27日。

是较低的，可能其工业化的实现要比先进省落后一段时间。湖北和河北的工业化综合指数都是 38，黑龙江的工业化综合指数是 37，都处于中等偏下的水平，成为工业化腾飞不齐步的后进典型。宁夏和重庆的工业化综合指数都是 34，但相比之下，今后重庆的腾飞速度可能要快于宁夏。陕西和青海的工业化综合指数都是 30，湖南和河南的工业化综合指数都是 28，新疆、安徽和江西的工业化综合指数都是 26，四川的工业化综合指数是 25，甘肃和云南的工业化综合指数都是 21，广西和海南的工业化综合指数分别是 19 和 17，这些省区将是中国最迟实现工业化的一批地区。贵州的工业化综合指数是 13，西藏的工业化综合指数是 0；从生态保护的要求讲，西藏不应工业化；而贵州的资源丰富，今后融入珠江三角洲战略发展区之后，可能成为中国工业化腾飞速度最快的一个省，决不会成为中国最后实现工业化的省。

"路漫漫其修远兮，吾将上下而求索。"中国工业化的腾飞已经起步，我们将饱含着激情和理性，随着区域不齐步的腾飞一同奔向 2020 年。

第二章　价格调整

　　价格牵涉到各阶层的利益关系，是最敏感的社会问题。在20世纪80年代，中国在计划经济体制的框架内进行价格体系改革，创造了前所未有的举世瞩目的价格双轨制，即计划内低价与市场的高价并存。这项改革触动了传统计划经济体制的根基，放开了原先由政府管制的大部分价格，取得了使中国经济走向市场化的突破。但是，同时也形成了极大的市场混乱，激化了社会各个方面的矛盾，最终引发了一场严重的政治风波。而目前看来，中国工业化的腾飞，也已经引起了社会各界普遍关注的价格问题，成为中央政府和各级地方政府的焦虑，尤其是在2008年初抗击南方冰雪灾害的日子里，控制物价上涨更是成了全社会除恢复电力和交通之外的头等大事。因此，相比当年毅然决然进行的价格改革闯关，现在更需要经济理论界对于工业化腾飞阶段的价格问题做出深入的研究和科学的解释。

一、腾飞与涨价

　　自2007年的猪肉价格大幅度上涨之后，中国物价上涨的大势就明朗化了。在此之前，已有许多的商品静静地涨过价，其中，最明显的是房屋和燃油的涨价。在这之后，是更为普遍的食品价格的接连上涨。2008 年初，各地超市里的猪肉大约都在 30 元左右一公斤，而这比 2007 年同期的价格高出一倍；原先几十元一桶 5 升的食用花生油也都涨到 100 多元了；牛肉、羊肉、乳制品、豆制品、粮食等商品的价格也都随之上涨。在 2008 年春节前，国家已经对粮食油品等启动临时价格干预措施。经国务院批准，2008 年 1 月 15 日国家发展和改革委员会公布了《关于对部分重要商品及服务实行临时价格干预措施的实施办法》，规定了实行临时价格干预措施的品种范围、干预形式和具体办法。这是国家发展和改革委员会根据《价格法》有关规定，在价格显著上涨或者有可能显著上涨的情况下，采取的临时性政府干预措施。文件规定：这次启动的临时价格干预措施主要是提价申报和调价备案。提价申报和（或）调价备案的品种范围主要是成品粮及粮食制品、食用植物油、猪肉和牛羊肉及其制品、牛奶、鸡蛋、液化石油气等重要商品。对达到一定规模的生产经营企业实行提价申报，对达到一定规模的批发、零售企业实行调价备案。

目前的涨价与工业化的腾飞是直接相关的，特别是经历了九五计划期间价格全线走低的市场疲软之后，这种相关性就体现得更为明显。无可辩驳的事实是，2004 年以来的工业化腾飞造成了物价总水平提升的加快，造成了主要农副产品的价格大幅度上涨。为什么工业化腾飞一定要伴随涨价呢？能不能光腾飞不涨价呀！我们的回答是：不能！

1. 过去农副产品价格低决定现在的价格调整

在中国市场经济体制改革的 15 年里，头 5 年经历了一次价格的大调整，但主要是工业品的价格调整；而后，又经历了 5 年的市场疲软，最后，又迎来了 5 年的价格调整，不过这一次先是进行资源性产品的价格调整，再是进行农副产品的价格调整。过去，农副产品的价格低，与一般工业品、一般服务品的比价不合理。在市场疲软时期无力调整，而进入腾飞阶段就有了调整的动力和空间了。而且，同样无可争议的是，这次的价格调整主要是市场机制发挥了基础性作用。难道，我们能反对市场机制的作用吗？显然，这是不能的。所以，要工业化腾飞，就要有价格调整；我们不能只要工业化腾飞，不要价格调整。

2007 年，猪肉的涨价是不得不涨的。这是延续多年的积压，最后才爆发的价格调整。在一公斤猪肉的价格是十几元时，卖肉不赔钱，但养猪是赔钱的，或是说不赚钱。农民养猪很辛苦，又担着很大的病疫的和市场的风险，不赚钱，还要赔钱，怎么还能养下去？对于很多选择放弃养猪的农民来说，不是不愿养猪，而是养不起猪。这样的市场是一点点萎缩的，等猪减少到大大地供不应求了，猪肉的价格一下子就上去了。仔细算一算账，我们就知道，在猪肉未涨价前，养猪是多么的不划算。中国在价格未放开时，一公斤猪肉 1.32 元，看一场电影 0.1 或 0.2 元，坐一次公交车 0.01 元，去故宫参观一次也是 0.1 元；而放开价格后，看一场电影需要 30 元或 50 元，还有 100 元的，涨价从 300 倍到 1000倍；坐一次公交车需要 1 元到 2 元，也是涨了 100 倍；参观故宫涨价也为 300 倍，据说还要涨；可猪肉呢？一公斤猪肉 12 元至 15元，只涨了十几倍。而养猪的人呢？还不是与别的人一样要吃要喝、要穿要住的。这期间的差距，有谁能理解？这么多年，消费者都不想让猪肉涨价，这实际是市场没有发展起来，是工业化没有发展起来。一旦市场发展了，工业化腾飞了，猪肉的价格必然要调整，必然要上涨；其他农副产品的价格也必然要随之调整，随之上涨。现在，比之那时，猪肉的价格上涨了近一倍，有的地方涨的更多一些，但是，即使这样，比比那些快餐店的食品价格，猪肉的价格还是很低的。在那些店里，吃一点儿炸薯条，喝几杯汽水，就要花几十元钱，相当于价格调整后 1 公斤或 1.5 公斤猪肉的价格。不比不知道，一比就知道，价格调整后，猪肉的价格还没有到位，因为市场放开后已有一些商品的价格实在是太高了，猪肉的价格按成本推算还是无法与其相比。

2. 过去企业之间过度竞争导致现在需要价格调整

竞争是发展的需要，但在不规范的商品经济和市场经济中，企业之间往往会竞争过度。遗憾的是，中国进入市场经济体制改革之后，也出现了企业之间打价格战、相互掣肘、降低价格的过度竞争的局面。这导致国内市场在工业化腾飞之前出现一定的价格关系扭曲、部分产品价格偏低的严重后果。过度竞争造成的低价格逼迫一些企业进入微利经营状态，使若干行业成为弱势行业，毫无发展后劲和希望。比着降价，曾经是过去一段时期内中国家电市场的时尚。29 寸彩色电视机的价格一度低于 2000 元，而 1000 元以下的彩色电视机则更多地充斥市场。普通大冰箱的价格已降到 1000 元至 2000 元，那是从 4000 元至 5000 元的价格逐渐滑落下来的。每年进入夏季，都要展开新一轮的空调价格大战，各个厂家竞相降价，包括安装费在内，一台 1P 的分体挂壁式空调的价格几乎都在 2000 元以下。至于洗衣机、微波炉、电饭煲、加湿器、电风扇、电热水器之类的家用电器，价格更是便宜，一般家庭购置，基本不需要价比三家，看好了就买。但是，在那降价的狂潮期，家电的生产厂家不能说没有利润，肯定是没有太多的利润，甚至有的企业是连年亏损。这种状况在服装行业也同样存在，由此导致进入工业化腾飞阶段之后，市场必然要发挥内在机制的作用，对这些偏低的价格进行理顺比价关系的调整。或者说，在食品价格普遍上涨之后，家电和服装的价格也会普遍上涨，不过家电和服装是要以产品更新的形式实现价格上涨的。最近，有报

道称："继西门子、博世等外资品牌冰箱、洗衣机在中国市场实施
涨价后，国内最大的白电制造商海尔也新近放出了提价计划。据
称：海尔此次的提价计划涉及全系列冰箱及部分型号洗衣机，其
中冰箱的提价幅度在5%左右，新价格可能在3月初体现在卖场的
销售价格上。"① 这实质是市场机制又在发挥作用。看到这种非食
品类商品的涨价苗头已经显现，对目前的价格上涨已失去心理承
受力的消费者可能又要有怨言，但这种更大范围的涨价趋势，却
基本上仍都还属于市场客观决定的价格调整。

3. 整个工业化腾飞阶段将实现全面的价格调整

2008年2月，人们发现"两次上试触百后，国际油价终于第
三次稳步于100美元之上。美国东部当地时间2月19日12时30
分左右，纽约商品交易所大厅内一片惊呼，100.10美元！纽约商
交所的环墙报价屏幕上，纽约3月原油期货价格创出自1983年以
来盘中新高。这也是今年以来，国际油价两次上攻百元之后，首
次轻松在百元之上止步。早在今年1月3日（北京时间），国际油
价盘中冲高100美元/桶，令全球震惊。尽管该笔交易是一交易员
为博名而亏损挂出，但今年首个交易日出现百元开局，令全球对
今年经济态势走向不予乐观。次日，纽约商交所盘中交易再次上
试100.09美元，伴随美国次贷危机加剧，市场担忧情绪日甚。"②
于是，有人不禁要问：国际油价破百将给国内市场带来什么。我
们说，不久的历史将证明：这将带来价格上涨。但对此，我们需
要说明，不管国际油价未来走势如何，是上涨，还是下跌，在中
国的工业化腾飞阶段，各种商品的价格还都是要涨下去。也就是

---

① 张钦：《海尔涨价 卖场死扛一个月》，《北京青年报》，2008年2月22日。
② 杨青：《国际油价破百将给国内市场带来什么》，《北京青年报》，2008年2月
24日。

说，物价上涨是中国高增长时期的一种市场趋势，这种大势是不可扭转的。不论在哪个国家，工业化的腾飞都必然要理顺市场比价关系，中国也不能例外。而理顺比价关系，则是一个长期的涨价过程，由于价格是刚性的，主流是上涨，所以，只有是在相互比较上调价格的过程中，才能逐步将市场上各种商品的比价关系理顺，其付出的代价不仅是时间，也是以价格的普遍升高为结果的。这是一个市场客观的表现过程，我们要有足够的思想准备。如果只是一厢情愿地不涨价，那就不是一个市场经济体制的态度，也不是一个科学地应对工业化腾飞的态度。国家统计局总经济师姚景源在接受《第一财经日报》专访时指出："在本质上，物价的结构性变化是市场经济运行的必然规律。目前，中国经济正处于结构调整之中，在工业化和城镇化加速进程中，价格的结构性变化恐怕应该是常态，农产品等一些产品的价格仍会逐步上升。"① 对于新的体制和形势，我们的一切想法都要符合市场客观规律的要求，中国经济改革30年的经验，合成一句话，也就是这个思想的表述。我们现在只能企盼，在整个中国工业化腾飞阶段，能够大体上完成全面的市场比价关系的调整，能够比较顺利地渡过这一伴随着经济高增长的价格持续上涨过程。

二、收入与价格

我们不能光看到中国工业化腾飞阶段的价格上涨，尽管这种价格上涨趋势是客观的，是不可回避的，更应该看到工业化腾飞以后人们的收入上涨。在市场经济体制下，价格的上涨与收入的

① 黄树辉：《经济学家纵论宏观经济与资本市场》，《第一财经日报》，2007年12月19日。

上涨是相对应的。历史的经验告诉我们，除特殊情况外，一般说价格上涨的同时，必定存在收入的上涨。而不会只有价格上涨，没有收入上涨；或只有收入上涨，没有价格上涨。更准确地说，是价格的普遍上涨对应着收入的普遍上涨。所以，我们在讨论中国工业化腾飞阶段价格调整问题中，不能不涉及到对价格与收入关系的认识。

1. 高收入与低收入

我们过去总是说，要防止两极分化，都说了几十年了。其实，从来就不存在两极分化，其他国家没有出现过两极分化，中国也决不会两极分化。两极分化指的是，穷人越来越穷，富人越来越富，走向相反的两极。但现实中，只有一极，都是向改善生活的方向走，只是穷人的生活提高很小很慢，而富人的生活提高很大很快。所以，准确地讲，只有贫富差距的悬殊，没有两极分化。在贫富差距悬殊中，富人得到的是高收入，穷人得到的是低收入。

在中国工业化腾飞中，一部分先富起来的人将得到越来越多的高收入，大部分的穷人将摆脱低收入进入中等收入行列。这种穷和富是相对而言的，就目前讲，一个月收入 1 万元，在大多数农村，绝对是富人；可要到了深圳，月收入 1 万元绝对算不上富人，只能是一个不穷不富的人，那里的房子 1 平方米卖几万元，月收入 1 万元的人几乎买不起房子，就是平日的生活也不会宽裕。中国工业化腾飞之时，穷人主要是农民和农民工，富人主要是有雄厚资产或有高技能、高智能的人，而到中国工业化腾飞结束时，富人还是富人，也可能是更富的人，主要改变的是穷人，农民要成为富裕起来的农民，农民工要成为能够享受城市基本文明生活的人，其变化就在工业化腾飞的这十几年。不信，咱们就等着看。实现工业化，最大的受益者是现在的穷人，即农民和农民工。对于现在就是富人的人来说，实现不实现工业化，与他实在是没有太大的关系，现在他的生活已经是很好了，还能改变到多好？或者说，已经不用再改变了。改变穷人，提高他们的收入，这才是工业化腾飞的现实意义。高收入永远是相对低收入而言的，一个人的收入不论有多少，只要与高收入间存在很大差距，那就是低收入，但两者之间的绝对差别在于，拥有高收入，不怕食品涨价，而低收入的人最怕的就是食品价格的上涨，他不怕轿车涨价，不怕汽油涨价，不怕机票涨价，等等，这些与他都没关系，他在意的是，粮食是不是涨价，蔬菜是不是涨价，鸡蛋是不是涨价，水、电、煤气是不是涨价，等等。在不同商品的不同价格面前，拥有高收入的人与只有低收入的人的反应是截然不同的。只有寄望于工业化的腾飞，中国才能让低收入的比重大大地降下来，使其成为一去不复返的历史。在中国工业化已经腾飞的 4 年，即 2004 年至 2007 年，中国人口的收入已经明显地提高了。"据国家统计局数据显示，2007 年，我国城镇居民人均可支配收入为 13786 元，同比实际增长 12.2%，而 2003 年这两个数据仅为 8472 元和 9.0%；2007 年，我国农村居民人均纯收入为 4140 元，同比实际增长 9.5%，而 2003 年这两个数据仅为 2622 元和 4.3%。"[1]

2. 高价格与低价格

消费者不想看到的是高价格，生产者不想看到的是低价格，这是一对永远的矛盾。在未来的岁月里，中国工业化的腾飞一方面要消灭绝大多数的低收入，一方面也要使低价格慢慢地消失。所有的生产者都将为此而欢呼，所有的消费者都要学会适应这一变化。为什么低价格会消失呢？那就是因为随着中国工业化的腾

---

① 刘铮、刘羊旸：《收入不断增长　社保更趋完善》，《经济日报》，2008 年 2 月 24 日。

飞，整个市场的价格将一点儿一点儿地涨起来，像其他工业化国家一样，商品慢慢地都演变成高价格的商品。在日本，吃一碗普通的面条，大约需要 1000 日元，折合人民币 66 元左右，这就是工业化的结果。在中国的甘肃省省会城市兰州，一个盛行拉面的地方，在 2007 年普遍价格上涨之后，经过政府管制，吃一碗普通拉面，需要 3 元，这就是尚未工业化的表现。按照中国社会科学院经济学部课题组的研究，甘肃省 2005 年的工业化综合指数为21，尚处于工业化初期的后半阶段。这就是说，实现工业化，一定要涨价。对应低价格的，只是经济的欠发达阶段。在工业化的腾飞阶段，市场的价格需要不断地调整，而在这个调整的过程中，低价格是越来越少，高价格是越来越多。也正是由于此原因，在中国的工业化过程中，曾有些地方搞封闭，即实行地方保护主义，保护本地的低价格，而结果呢？只能是换来地方经济的不发展或缓慢发展。现在，一些发达国家和发展中国家的人很愿意到中国来买东西，在北京、上海、广州、天津、重庆等城市，每天都可以看到外商进进出出，忙忙碌碌地与中国人做生意。在中国浙江省的义乌市，有 8000 外商常驻，每天活跃在那里的小商品交易市场上。严格地讲，这些外国人喜欢中国的商品是确实的，但他们更喜欢的是中国商品的低价格。中国的商品如此地受欢迎，这是无可否认的好事，只是，从另一个侧面也说明，中国经济还处于一个过渡时期，还是在由充满了低价格的商品市场向基本上以高价格为主流的商品市场过渡，与实现工业化的消除低价格的目标还有一段不长不短的距离。

低价格，可以使低收入的人很放心，可以使高收入的人很开心。高价格，对于高收入的人，自可从容应对；对于低收入的人，需要社会保障。问题在于，中国的工业化腾飞不能保留低价格。如果继续保留低价格为主流，那么就无法提高人们的收入总水平，无法逐步消除绝大多数人的低收入。在已经过去的相当长的一段时期，中国面向大多数市民的服装都是低价格，那时在广东省东莞市的虎门服装市场，50元或60元就可以买到一身漂亮的女裙套装。虎门就是林则徐销烟的那个地方，如今已是国际服装城，高楼大厦鳞次栉比，在中国服装界很有影响和代表性。可要说那时服装便宜的原因，确是有着诉不完的辛酸泪。生产服装的企业不会做亏本的买卖，服装卖的价格低是由于支付给工人的工资低，一个月连加班最多给600元或700元工资，再多就是个别的了。所谓工人，就是从农村来企业打工的青年人，现在称农民工。其劳动十分辛苦，常常一天做工十几个小时，更没有休息日。后来，珠三角地区闹民工荒，主要就是农民工的工资太低，一些做过工的农民不愿再出来打工了。而在低价格下，哪个企业也无法提高农民工的工资。解决这个难题，除去其他措施，最主要的是走出低价格发展阶段，通过提高价格来保证提高农民工的工资，通过提高农民工的工资来恢复和保持企业的经营运转和市场经济的正常运行秩序。这就是中国的工业化腾飞要从低价格走向高价格的理由，这就是在发达国家已经历的过程而在我们这里正在实现的与工业化相对应的高价格的市场要求。

3. 收入上涨与价格上涨

中国的工业化进入腾飞阶段，就意味着要进入人民收入与市场价格同时上涨的发展阶段。现在看来，由市场机制发挥作用的价格上涨已呈现不可阻挡的趋势，城市户籍人口的收入上涨也已经兑现，只是农村人口和已进城的农民工的收入上涨还不够力度。中国向世界提供廉价的劳动力，主要体现在农民工的身上。有人指出：户籍和土地造就廉价劳动力。[1] 由此而言，虽然户籍和土地

---

① 魏城编著：《中国农民工调查》，法律出版社，2008。

制度不是市场发展能直接改变的，但中国的工业化腾飞却必然要触及户籍和土地制度的变化。

现在的焦点是，在市场经济体制下，我们不能阻止工业化腾飞阶段的价格上涨，我们还要在工业化腾飞阶段推动人民的收入进一步地上涨。对于价格上涨和收入上涨，无论是谁，都要接受，不能是只接受收入上涨，不愿接受价格上涨。在价格改革前，固定月薪收入 50 元的公务员职位，现在就职人的收入在不同地区不一样，5000 元大约是一个平均线，相比改革前，上涨了 100 倍。在价格改革前，一般住房价格 1 平方米 400 元左右；现在一般城市上涨到 4000 元 1 平方米，上涨了 10 倍；特殊几个大城市涨到 2 万元 1 平方米，上涨了 50 倍；比较一下，即使按最高的城市房价计算，也是没有超过公务员的工资上涨幅度。2004 年至 2007 年，是北京房价走出疲软之后大上涨的时期，有一点儿跟着工业化腾飞的味道，毕竟北京已经进入后工业化发展阶段了，有的楼盘价格涨了 2 倍，有的楼盘价格涨了 4 倍，还有的楼盘价格涨的更多，但也都卖出去了。市场是讲交钱的，买房子的人都有钱，北京人还有按揭的，外地人来北京买房一律付现金。如果不是收入提高了，哪里能有这么多的买房钱。当然，讲收入提高，就不是只讲工资提高，在市场经济体制下，就不再只讲工资收入了，要讲各个方面的收入，包括资本收入。就是说工资收入，在工业化腾飞以后，有些行业有波动，有些行业也是上涨挺快的。"最近，国内一家知名人才网站对 2007 年的薪资水平做了调查后发现，2007 年年度税前现金收入总额的平均值（以下简称：年度总薪酬）为 40073 元，涨幅为 6.75%，超过了去年全年国内 4.8% 的 CPI 涨幅。这份薪资调查报告是中华英才网将 2006 年下半年收集的 20 多万条数据，和 2007 年下半年收集的 30 多万条数据进行对比得出的。在各个行业里，2007 年金融行业薪酬涨幅最大，年度总薪酬涨幅达 280%，其中浮动薪酬的涨幅达到了 1370%，2007 年，金融行业成就了很多人的百万富翁梦想。紧随其后的是电信行业，涨幅超过了 39%。另外快速消费品行业年度总薪酬涨幅为 17.3%，IT 产业平均涨幅为 13%，贸易、物流等行业的薪酬涨幅在 4%—8% 之间。调查显示，房地产服务业成为行业总体薪酬跌幅最大的行业，跌幅达 30.35%，而房地产开发行业紧随其后，跌幅达到 19.54%。此外，华南地区薪酬涨幅最大，涨幅为 10.38%；而华北地区依然保持着基数上的领先，年度总薪酬在经过了 9.97% 的增长后达到了 48207 元；东北、西北和西南等地薪酬涨幅在 2% 到 4% 之间。"[①]

2008 年 1 月 5 日，在中国人民大学举行的"中国人力资源管理新年报告会"上：一句简单的"工资应该涨，也有空间涨，涨了也会好。"的话，激起在场上千人的掌声。中国人民大学人力资源管理系主任文跃然认为，建立一个高工资支付的经济，而不是一个工资节省的经济，对中国更加有利。他引述数据称，近年来，我国居民工资增额实际上是偏低的，从 1990—2005 年，劳动者报酬占 GDP 的比率从 53.4% 降到 41.2%，降低了 12 个百分点，而且这个趋势还没有根本性的扭转。"利润侵蚀工资"的背后，文跃然认为，在现有的产业结构下，存在劳动力结构性失衡。劳动密集型产业里劳动力的供过于求，再加上我国工会组织发育还欠成熟，使得在劳资博弈中劳方不能处于与资方平等的位置。中国人民大学劳动人事学院院长曾湘泉也在会上直言：简单掠夺低端劳动力市场的时代应该终结了。曾湘泉表示，过大的收入差距，导致低端市场、低端人群购买力不足，消费不足。而通过最低工资制度来提高最低工资标准，是最有效、最具有强制性的提高低

---

① 沈积慧：《调查称去年金融业薪酬涨幅最大涨幅达 280%》，载 http://news.qq.com。

收入者收入水平的方法。但他也承认，招商引资的冲动，在一定程度上使得地方政府没有动力提高最低工资。不过，由于最低的"血汗钱"得不到制度上的保障，"民工荒"近年来在各地此起彼伏。有学者指出，"刘易斯拐点"已提早降临我国，以劳动力密集、低劳动成本为基础的传统中国高速经济增长模式即将终结。曾湘泉对此并不完全认同。"我国并未出现普遍民工短缺的问题。局部区域存在的'民工荒'产生的根本原因在于工资形成机制上，而非绝对供给的因素。"曾湘泉还说，"10 年前拿了 600 块钱，10 年后还拿这个钱，他怎么还能够在城市待下去呢？"对于未来工资增长前景，文跃然预测，到 2020 年，工资总额有 3～4 倍的提高空间，人均工资约有 2.4～3.2 倍的增长空间。曾湘泉表示，提高工资并不会削弱企业的竞争力，反而将逼迫产业转型与升级。①

只要能够在工业化腾飞阶段不断地提高人民的收入，使工资上涨和资本收入以及财产性收入也上涨，我们就能够承受工业化腾飞引起的市场价格调整造成的价格上涨压力，使目前绝大多数的低收入的人改变生存状态，享受到中国实现工业化的丰厚成果，也能够在消除低价格后以高价格为主流的时代更好地生活。

三、稳定价格与政府监管

由市场机制导引的价格上涨与价格稳定并不矛盾，只是，我们必须抛弃传统的价格稳定观。在工业化腾飞阶段出现大幅度价格调整之时，也确实需要政府加强对价格的监管。只是，不能再使用传统的计划经济体制的管理价格的方式和手段。

---

① 张馨月：《专家称 2020 年前我国工资总额有 3～4 倍提高空间》，载 http://news.qq.com。

1. 稳定价格

2008 年 2 月 18 日，中国新闻网报道：国家统计局今日公布，2008 年 1 月份，生活资料出厂价格同比上涨 4.6%。其中，食品类价格上涨 10.4%，衣着类上涨 2.2%，一般日用品类上涨 3.0%，耐用消费品类下降 0.6%。统计局同时还公布，工业品出厂价格同比上涨 6.1%，在工业品出厂价格中，生产资料出厂价格同比上涨 6.5%。其中，采掘工业上涨 20.5%，原料工业上涨 8.5%，加工工业上涨 3.8%。分品种看：原油出厂价格同比上涨 29.9%。成品油中的汽油、柴油和煤油出厂价格分别上涨 7.3%、10.0% 和 10.9%。化工产品价格类中，聚苯乙烯价格同比下降 4.9%，顺丁橡胶上涨 20.7%，涤纶长丝下降 0.2%。煤炭开采和洗选业出厂价格同比上涨 14.3%。其中，原煤出厂价格上涨 14.9%。黑色金属冶炼及压延加工业出厂价格同比上涨 17.3%。其中，普通大型钢材价格上涨 17.3%，普通中型钢材上涨 28.6%，普通小型钢材上涨 26.7%，线材上涨 25.0%，中厚钢板上涨 16.6%。有色金属冶炼及压延加工业出厂价格同比上涨 4.7%。其中，铜上涨 2.0%，铅上涨 27.9%，铝下降 2.9%，锌下降 26.1%。此外，在原材料、燃料、动力购进价格中，燃料动力类、黑色金属材料类、有色金属材料类和化工原料类购进价格分别上涨 15.7%、14.8%、4.6% 和 3.8%。①

面对这样的形势，我们要特别地强调稳定价格的重要性。而且，我们还坚持认为，在中国工业化腾飞阶段，稳定价格比以往任何时期都更为重要。中国的经济体制改革已经走过 30 年的历程，但旧体制的影响尚未从人们的心理中有效地去除，所有的人

---

① 中国新闻网：《今年 1 月食品类生活资料出厂价格上涨 10.4%》，载 http://www.people.com.cn。

都欢迎建立社会主义市场经济体制，却未必所有的人都能理解和自觉地接受市场经济条件下市场机制发挥作用而产生的价格调整。看到猪肉涨价，看到食品价格普遍上涨，看到生产资料价格也普遍上涨，就甚为担忧，其实并不是一种市场经济的心态，或者说，仍还是传统经济体制下自我束缚的心理表现。像改革前那样，工资几十年不涨，物价几十年不变，历史已经充分证明不是什么好事。如果进入了市场经济体制改革阶段，还留恋或寄望于传统的物价稳定，特别是还想让不合理的低价格保持长期存在，那绝对是不合逻辑的，是与体制改革和经济发展的原则要求相违背的。在市场经济条件下，并不是不要保持物价稳定，但决不是像传统体制那样几十年不变使得稳定的价格体系中包含着越积越多的不合理比价关系，而是要在不合理的比价不断地向合理的比价灵活调整中保持价格的总体稳定。无论何时，稳定价格都是极为重要的，只是，在市场经济体制下，必须抛弃传统的扼杀经济发展活力的价格稳定观，必须建立适应市场机制发挥有效调整价格作用的动态稳定观。从目前的情况看，工业化腾飞之后，在一定的范围内出现了较大幅度的市场价格调整，并不会影响中国的国民经济又好又快发展，倒是有些人仍以旧体制的观念看待新体制的运行而产生不良的恐慌和错乱可能形成某些市场外的干扰。

2. 监管价格

在市场经济条件下，仍需要政府监管价格。在市场出现较为激荡的价格调整之际，更要加强对价格的政府监管。自从1992年中国由计划经济体制改革转向市场经济体制改革，有相当多的人存在着一定的误解，好像从此就是政府退出监管，价格完全由市场决定。而实际上，任何市场经济国家的政府都具有明确的社会经济管理的职责，任何市场经济国家的政府都要对价格实行一定程度的监督与管制，监督市场价格是政府必须尽到的社会职责，管制价格是政府微观规制的重要内容之一。微观规制是不同于宏观调控的政府经济管理职能，包括土地管理、反垄断管理、工商行政管理、许可证颁发管理、政府直接投资管理、价格管制、生态保护、知识产权保护等诸多丰富内容，其中价格管制是关系市场正常秩序维护的重要手段，在任何时期都是不可缺少的，而在特殊时期更是要发挥出极其重要的作用。

当前，中国正处于工业化腾飞中的价格激烈调整阶段，如此的市场价格调整可能会带来一定的市场波动风险，尤其是在市场经济体制不完善条件下，这种存在的风险更大。因此，在 2007 年的价格调整已经掀起较大的市场波动的状态下，今后，政府需要更大力度地加强对价格的政府监管，以消除积极的价格调整可能带来的某些负面效应。

从根本上说，在市场经济条件下，政府加强对价格的监管并不是要限制或阻碍市场机制发挥作用的价格调整，而是要为正常的价格调整创造更顺畅更好的市场环境。国家已经实施《价格法》，政府必须依法监管，不能将临时性的价格干扰措施作为长期手段运用，不能恢复计划经济体制的管理办法。在此前提下，在整个工业化腾飞阶段，政府对市场价格监管的重点在于：

——必须严格制止合理的价格调整范围之外的价格上涨。比如，原先某些工业品与农副产品的比价不合理，其价格远远高于一般农副产品的价格，现在农副产品的价格进行调整，以恢复合理的比价关系，但若此时那些工业品又跟着要普遍地涨价，就是属于合理的价格调整范围之外的价格上涨。这样的价格上涨，搅乱市场秩序，可能使其与一般农副产品的比价关系更加不合理，政府必须通过强有力的监管措施给予坚决的制止。

——必须严密防止由合理的市场价格调整演化为不合理的市

场乱涨价。维护合理的价格调整是在工业化腾飞阶段充分发挥市场配置资源基础性作用健全现代市场体系的客观需要，实现合理的价格调整是中国实现工业化的基本目标，但是，市场的发展与规范不能允许价格调整脱离合理的限定走向乱涨价。比如，偏低的服装价格可以调整到合理的价位，却不能一味地涨价涨下去，又涨成为一类比价偏高的产品，那就成了乱涨价，这也是政府的价格监管必须给予预防和制止的。

　　——必须对证券价格实行严厉的控制。有价证券交易属于虚拟经济范畴，是现代市场经济的最为显著的特征。在市场经济条件下，政府监管价格的重中之重就是有效控制证券市场价格，或者说市场经济宏观调控的重点是落在虚拟经济领域的。一旦证券市场价格失控，其危害不仅是直接影响国家的金融安全，而且很可能带动实体经济领域的商品价格普遍地疯涨。所以，监管虚拟经济领域的价格，比之监管实体经济领域的价格更重要、更具有全局意义。

第三章 CPI 爬升

2004 年工业化腾飞之后，引起价格上涨，而且首轮主要表现是食品价格猛涨，因而，CPI（全国居民消费价格总水平）必然大幅爬升。2007 年 12 月份 CPI 上涨 6.5%，2007 年全年 CPI 上涨 4.8%。[①]

2008 年 2 月，"国家统计局 19 日发布的月度形势报告显示，受春节和雪灾等因素影响，今年 1 月份全国居民消费价格总水平（CPI）同比上涨 7.1%，创 11 年以来月度新高。自 2007 年 5 月以来，受食品价格特别是猪肉价格较快上涨影响，国内物价上涨压力不断加大，月度 CPI 涨幅也一直居高不下。2007 年 11 月 CPI 涨幅达到 6.9%，成为当年涨幅最高的一个月。统计显示，今年 1 月份居民消费价格涨势呈现出农村高于城市、食品高于非食品、消费品高于服务项目三个明显特点。1 月份，城市上涨 6.8%，农村上涨 7.7%；食品价格上涨 18.2%，非食品价格上涨 1.5%；消费品价格上涨 8.5%，服务项目价格上涨 2.6%。从统计的八大类别看，1 月份食品类价格上涨幅度最大，同比上涨 18.2%。其中，粮食价格上涨 5.7%，油脂价格上涨 37.1%，肉禽及其制品价格上涨 41.2%，猪肉价格上涨 58.8%，鲜蛋价格上涨 4.6%，水产

---

① 中国发展门户网：《2007 年中国 GDP 增长 11.4% CPI 涨 4.8%》，载 http：//www.chinagate.com.cn。

品价格上涨 8.7%，鲜菜价格上涨 13.7%，鲜果价格上涨 10.3%，调味品价格上涨 4.1%。"①

2008 年 3 月 11 日，国家统计局公布："2 月份居民消费价格数据，2 月 CPI 同比上涨 8.7%，创下 11 年来新高。其中，城市上涨 8.5%，农村上涨 9.2%；食品价格上涨 23.3%，是拉动物价上升的最主要动力，非食品价格上涨 1.6%；消费品价格上涨 10.9%，服务项目价格上涨 2.0%。从月环比看，居民消费价格总水平比 1 月份上涨 2.6%。"②

CPI 爬升已是事实。而且，我们很清楚，只要工业化腾飞中价格继续上涨，CPI 就要继续爬升。这种 CPI 爬升的状况引起了全国范围内各界人士的极大反响。我们现在的问题不是要讨论怎样阻止 CPI 爬升，因为这是不可阻止的，而是要深入认识和探讨 CPI 爬升与通货膨胀的关系。

一、 CPI 爬升是不是通货膨胀

有的人认为，CPI 爬升就是通货膨胀；还有的人说，2007 年的 CPI 爬升已经是明显的通货膨胀。2007 年 12 月，有人撰文指出：CPI 已经连续 9 个月超过国家规定的 3% 的通货膨胀警戒线，尤其是最近 4 个月一直维持在 6% 以上的高位，而 11 月份更是创出了 6.9% 的新高。这不能不引起公众及政府的高度关注。如何看待高位运行并不断攀升的 CPI，有关部门官员及经济学家一直众说纷纭、莫衷一是。有人认为中国已经出现通货膨胀，有人认为还没有"严重通胀"或"全面通胀"。

---

① 程瑞华：《1 月份 CPI 上涨 7.1% 创 11 年新高》，《金融时报》，2008 年 2 月 20 日。
② 陆纯：《2 月份全国 CPI 上涨 8.7%》，《北京青年报》，2008 年 3 月 12 日。

　　针对中国目前的物价上涨只是"结构性上涨"，"核心 CPI"的上涨幅度并不大等方面的争论，有的人是这样认识的：所谓"核心 CPI"，是指将受气候和季节因素影响较大的产品价格剔除之后的居民消费价格指数。而食品和能源的消费价格受气候和季节因素的影响就比较大。在这一轮的物价上涨中，涨幅最大的就是猪肉等食品价格以及成品油等能源价格。如果剔除这些产品，物价上涨幅度确实不高。可是，食品和能源都是居民生活的必需品，不把它们计算在内的 CPI 对老百姓来说有什么意义？再者，食品等产品价格的上涨已经持续了 9 个月之久，这显然已不能归结于"受气候和季节因素的影响"。"结构性上涨"与"核心 CPI"异曲同工，也是说此轮物价上涨主要是食品类价格上涨，其他各类产品或服务价格的上涨幅度并不大甚至有所降低。应该说，这是事实。但"结构性上涨"就不是通货膨胀吗？其实，物价上涨具有传导的特征，比如成品油价格上涨一段时间后，运输等服务价格或成本才会上涨，然后才是各类产品陆续涨价，上下游产品不可能同时涨价。也就是说，在某一时段内，物价上涨一般都是"结构性"的。如果说不是所有产品或服务价格同时大涨就不是通货膨胀，那么世界上恐怕就不存在通货膨胀了。日前召开的中央经济工作会议把防止"明显通货膨胀"作为当前宏观调控的首要任务之一。那么，中国目前的通货膨胀算不算"明显"呢？随着 6.9% 的出现，应该说已经比较明显了。[①]

　　在 2008 年 2 月，当国家统计局公布了 1 月份 CPI 爬升 7.1% 之后，还有一些分析家们认为：2 月 14 日，国务院新闻办发布，此次大雪导致农作物受灾面积达到 1.78 亿亩，其中成灾 8000 多万亩，绝收 2000 多万亩，这使得灾区农产品价格受到不小影响。

---

①　盛大林：《CPI 上涨 6.9% 算不算明显通胀》，《中国青年报》，2007 年 12 月 13 日。

一些外资投行为此也调高了 2008 年价格预测。那么，中国会不会由此而引发又一轮的通胀压力？对此，有专家表示，近期的暴雪灾害的确将对通胀走势带来负面影响，一方面雪灾对农作物生产带来影响，另一方面交通受阻影响商品流通，这都将加剧短期通胀压力。但是，从此次发布的数据上看，CPI 上扬仍然主要是由食品价格冲高所引起，在扣除食品价格影响后，核心通货膨胀率与上月水平相近。因此，大雪导致出现短暂的、不正常的物价上涨，但通过生产的恢复、供应的增加，物价有望保持基本稳定。从供给方面看，去年以来，农产品价格上涨和国家有关扶持政策对食品生产增长的刺激作用增强，加上粮食连续 4 年丰收，预计今年食品供求关系将由部分供不应求转变为供求平衡或供大于求。这会减弱食品生产成本提高对价格上涨的压力，食品价格涨幅可望逐步回落。总的看，供求总量关系一直向基本平衡甚至局部产能过剩的方向发展，并未发生逆转或恶化，稳定物价总水平的供给基础比较扎实。这对于稳定社会上的物价看涨预期，也是非常重要的有利条件。从中长期看，我国不会出现严重的通货膨胀。这是因为，这几年形成的巨大生产能力会给以后带来巨大的供给，特别是工业制造品供大于求的格局不但不会明显改变，而且会由于结构改善、节能降耗以及人力资本贡献增加和技术进步加快使得生产率提高，产生更多的有效供给，这都有利于总供求关系基本保持平衡，不会出现上世纪 80 年代和 90 年代那样的工业产品全面短缺引起的高通货膨胀。①

面对 CPI 爬升，中国政府在 2007 年底的态度是要"防止经济增长由偏快转向过热、防止价格由结构性上涨演变为明显通货膨胀。"中国政府还需要在 2008 年 3 月的会议上对此给予进一步的

---

① 程瑞华：《中国是否面临新一轮通胀压力》，《金融时报》，2008 年 2 月 20 日。

讨论，进一步明确应对 CPI 上涨的方针和主要措施。从中国政府 2007 年底的态度看，不认为当时是明显通货膨胀，却实际暗含着承认已出现的价格结构性上涨是不明显的通货膨胀。在谈到 CPI 上涨的社会舆论中，有许多人是直接将价格结构性上涨称作结构性通货膨胀的，还有一些人讲通货膨胀不分结构性与非结构性，通货膨胀都是结构性的，结构性价格上涨就是通货膨胀。上述两种观点也是社会舆论中的观点，其一认为 2007 年已经出现明显通货膨胀，其二认为从中长期看不会出现严重的通货膨胀。这两种看法存在差别，一个讲的是现在，一个讲的是长远；一个讲的是明显，一个讲的是严重。但他们的共同点是，都认为 2007 年的中国已经存在通货膨胀了。讲出现明显通货膨胀的人，是说现在出现的通货膨胀已经明显了；讲不会出现严重通货膨胀的人，是说现在出现的通货膨胀将来不会发展到严重状态。而他们说中国已经出现通货膨胀的唯一依据就是中国已经出现了较大幅度的价格结构性上涨和 CPI 爬升。

问题是：通货膨胀是经济学的又一个"哥德巴赫猜想"，是一个看似简单而实质很复杂很难破解的经济学基础理论概念。在当代世界，各个国家的经济学家关于通货膨胀理论一直争论不休，始终未能取得统一的认识。在这样的国际理论背景下，中国的一些专业人士为什么一定要将价格结构性上涨或 CPI 爬升说成是通货膨胀呢？

虽然至今对通货膨胀仍需要进行深入的理论研究，但有一点可以肯定，通货膨胀决不是指价格结构性上涨或 CPI 爬升，决不是这么简单的。经济学家如果讲通货膨胀是指价格结构性上涨或 CPI 爬升，应该饿死。

对于一个国家的宏观经济形势分析来说，得到统计的结果是价格结构性上涨或 CPI 爬升，就已经是很清楚很明白的，不需要再做任何解释。比如，说猪肉价格上涨 58.8%，谁都知道这意味着，过去用 10 元钱可以买一斤半肉，现在用 10 元钱只能买九两肉了，这还用讲更复杂的道理吗？所以，我们实在是没有必要将一个人人都听得懂的、都明白的价格结构性上涨或 CPI 爬升，非要讲成人人都听不懂的、都不明白的通货膨胀。

在中国工业化腾飞的进程中，引起了价格结构性上涨，我们就讲引起了价格结构性上涨；引起了 CPI 爬升，我们就讲引起了 CPI 爬升；既实事求是，又清楚明白。

二、物价总水平上升是不是通货膨胀

其实，中国工业化腾飞引起的价格上涨并不限于居民生活消费品，即 CPI 爬升只是价格上涨的一个方面，另一方面是 PPI（生产者价格指数）也在爬升。2008 年 2 月，中国国家统计局公布，1 月份 PPI 较上年同期增长 6.1%，增速快于 2007 年 12 月的 5.4%，创 3 年来新高。中国的 PPI 又称工业品出厂价格。中国 2007 年全年 PPI 较上年同期增长 3.1%，增速快于 2006 年全年的 3.0%，但低于 2005 年的 4.9% 和 2004 年的 6.1%。中国 1 月份 PPI 增速创 3 年来新高显示，近期的南方暴雪和通货膨胀压力加剧了工业品出厂价格的涨势，而未来的通货膨胀压力则也将相应增加，官方随时可能推出进一步的紧缩措施。中国定于周二公布 1 月份 CPI 数据。市场普遍预期 1 月份 CPI 增速将继续大大加快，增速将会再次刷新 11 年来高点。数据显示，推动 1 月份 PPI 上涨的主要原因仍然是食品价格的上涨。1 月份食品类出厂价格较上年同期大幅上涨 10.4%。而受恶劣天气影响，1 月份原煤出厂价较上年同期上涨 14.9%。同时，钢材价格的迅猛上涨也推动了工业品出厂价格的飙升。①

2008 年 2 月 22 日，中国人民银行货币政策分析小组完成的 2007 年第四季度《中国货币政策执行报告》指出：工业品价格呈现前期涨势平稳，后期涨幅明显扩大的态势。2007 年原材料、燃料、动力购进价格同比上涨 4.4%，其中各季同比分别上涨 4.1%、3.6%、3.7% 和 6.3%；工业品出厂价格同比上涨 3.1%，其中各季同比分别上涨 2.9%、2.7%、2.6% 和 4.4%。农业生产资料价格同比上涨 7.7%，其中各季同比分别上涨 4.2%、6.2%、8.7% 和 11.5%。国际原油和铁矿石价格及运费大幅度攀升，加之国内需求居高不下，推高了能源和黑色金属价格，成为生产价格涨幅回升的主要原因。进、出口价格上涨较快，进口价格涨幅高于出口价格。2007 年 12 月，进口价格同比上涨 8%，出口价格同比上涨 6.6%，涨幅分别比上年同期扩大 2.7 和 3.9 个百分点。②

以上数据表明，中国工业化腾飞对价格的影响是全面的。猪肉涨价在先，通过市场的传导作用，慢慢地影响其他领域的价格上涨，工业化的腾飞除去引起 CPI 爬升，还推动中国物价总水平呈现上升趋势。

有的研究者和我们一样，并不认同价格结构性上涨或 CPI 爬升就是通货膨胀。但是，他们认为，物价总水平上升是通货膨胀。这是当代很正统的主流经济学的观点。这种观点比认为价格结构性上涨或 CPI 爬升就是通货膨胀的观点要深刻和复杂得多。在这种认为物价总水平上升是通货膨胀的观点看来，某些人讲，根据国际警戒线的标准，价格结构性上涨或者说 CPI 上涨 3% 以上就是

---

① 新华社：《1 月份 PPI 增长 6.1%，创 3 年来新高》，载 http：//www.cs.com.cn。

② 中国人民银行货币政策分析小组：《中国货币政策执行报告》（二〇〇七年第四季度），《金融时报》，2008 年 2 月 23 日。

通货膨胀，似乎没有必要再对其解释了，因为相比物价总水平上升，只讲价格结构性上涨或 CPI 爬升太具片面性了。

但是不能不说，维护正统的主流经济学的通货膨胀理论是延续了 20 世纪的经济学框架，如此传承，必然有其深刻性；只不过从 21 世纪的经济学理论研讨来看，揭示了物价总水平上升的通货膨胀的原因解释还是没有说明清楚为什么会出现货币过多。况且，现在是虚实一体化的国民经济，形成通货膨胀中的过多货币不光是购买实体经济领域的产品，还更活跃于虚拟经济领域，那些股民们炒股用的可都是从银行划出的货币，股民们的货币与购买实体经济领域产品的货币是一模一样的货币，然而，目前对于通货膨胀的认定中却没有虚拟经济的位置和踪影。

所以，用 20 世纪的经济学理论解决不了通货膨胀这个"哥德巴赫猜想"，要破解这个难题，必须与时俱进，将经济学基础理论研究的深度推进到 21 世纪。

再所以，我们只能郑重地说，物价总水平上升也不是通货膨胀。

既然价格结构性上涨或 CPI 爬升不是通货膨胀，那么物价总水平上升也不可能是通货膨胀。在这二者之间，就通货膨胀而论，要是都是，要不是都不是。如果说，物价总水平上升是通货膨胀，那价格结构性上涨或 CPI 爬升就是结构性通货膨胀，而结构性通货膨胀，无可否认地也当属于通货膨胀，至少应该算作通货膨胀的一类。

同样的道理，在中国工业化腾飞阶段，现在出现了物价总水平的上升，我们就说出现了物价总水平的上升，根本没有必要再将物价总水平上升解释为学术界至今尚未理清楚的通货膨胀。

工业化腾飞中出现了物价总水平的上升，这是多么清楚的描述，谁都懂。

放着清楚的不讲，偏偏要讲自己讲不清楚的，难道我们都愿意与自己过不去吗？

三、在腾飞阶段如何应对 CPI 爬升

价格结构性上涨或 CPI 爬升是物价总水平上升的构成基础。在撇开价格结构性上涨或 CPI 爬升是通货膨胀或物价总水平上升是通货膨胀的烦恼之后，此时真正应该考虑的是，在工业化腾飞阶段，我们需要如何应对 CPI 爬升。CPI 爬升是回避不了的，现在的问题关键是我们应该懂得需要理性地与其善处。

1. 需要有力地提升工薪阶层的收入水平

2007 年，"劳动报酬快速增长，劳动力成本显著上升。2007年前三季度，全国城镇单位在岗职工月平均工资为 1839 元，同比增长 19%。农村劳动力外出务工的月平均工资为 1015 元，同比增长 11.8%"[1]。

在今后很长一段时期，应对 CPI 爬升，中国需要以提升工薪阶层的低收入为主，而不必再苛求让少数人先富起来。实现工业化，就是为了让大多数人过上比较舒适的现代生活。这样的生活，中国先富起来的那些人早就过上了，而且有些人远远超过舒适的水平，早已是生活极为豪华了。这些人从不担心 CPI 爬升，政府更没有必要为他们的基本生活担忧，他们更需要的是政府支持其事业或企业的发展。关注 CPI 爬升的，主要是工薪阶层，是靠工薪养活一家人的劳动者。如果工薪阶层的收入增长能够跟上

---

[1] 中国人民银行货币政策分析小组：《中国货币政策执行报告》（二〇〇七年第四季度），《金融时报》，2008 年 2 月 23 日。

CPI 爬升的速度，那社会就具备保持稳定发展的基础和条件。如果只是 CPI 爬升，工薪阶层的收入很少增长，那问题就大了，那对中国的工业化是直接的打击，社会的安定也就难以有保障。工薪阶层包括的范围很大，上至国家主席及所有的公务和准公务人员，下至所有的打工者，数量上亿的进城务工的农民都算在其内，中小学和大学的教师们也都属于这一行列。为此，政府的财政收入增长了，就要考虑根据 CPI 的爬升，提高公务和准公务人员的工薪，提高公办教师的工薪。这不是补助一点点钱的事，是必须建立与 CPI 爬升联动的工薪增长制度，这是在工业化腾飞时期的特殊制度要求。对于企业界，政府不能直接决定工薪，但需要建立与 CPI 爬升联动的最低工薪增长制度，这样就能够基本上保证企业人员的工薪增长跟得上 CPI 爬升。只要 CPI 爬升是市场机制发挥的正常作用，那我们只能去适应，而不能抱怨，只能是通过建立相应的制度去应对，即从制度上更好发挥市场的基础性作用，而不能只是靠舆论宣传做工作。

2. 需要积极地开展对于市场价格的研究

随着 CPI 爬升，必须加强政府对价格的监管，尤其是要加强对消费品价格的监管。任何要求放松价格监管的企图和鼓动，都是有害于维护社会稳定和经济秩序的，都是有害于工业化腾飞的。而政府对价格的监管，是要以市场形成价格的机制为基础，并不是恢复传统计划经济体制的完全行政手段决定价格。如果再将政府凌驾于市场之上，那在市场经济体制改革的时代，就是本末倒置了，不仅不能起到弥补市场缺陷的作用，倒可能起到表现政府缺陷的作用。因而，加强政府对价格监管，是一定要在市场经济体制的约束下进行，离开新体制的力量，是无以应对 CPI 爬升的。研究市场价格，然后根据市场客观的反映，进行政府对价格的监管，这是市场经济体制对政府价格监管的要求。为此，保证政府监管价格发挥应有的作用，必须积极有效地展开对于 CPI 爬升时期市场价格的跟踪研究。这是一个相当复杂的系统工程研究，不是简单看看图表和开几个会就能解决的。这需要决策机构重视，投入经费，组建班子，选拔人员，一丝不苟地开展长期工作。政府对价格的监管必须以这种严谨的市场研究为前提，这其实也是市场经济体制建设和完善的重要内容。这不是设立几个研究课题就能应付的，对于这项工作的基础性和重要性必须给予充分的肯定。这项工作不是仅仅统计数据，而是要对所有的数据做出综合性的分析，要有以工业化腾飞为背景的大视野。政府不允许某种产品涨价，只能依据对市场价格研究的结果决定，不能只是讲价格太高了就不同意。我们需要经过研究才能确定猪肉的价格是否到位，是不是还需要继续调整到更高的价格，不能只是一味地往下压猪肉价格，以此表现政府的监管作用。中国从美国进口的高档牛肉 500 克的价格是 480 元，我们在高级饭店吃过这种牛肉，口味和品质确实好；可我们也到贵州省黔西南州兴义市的绿茵养殖基地吃过那里的优质牛肉，其口味和品质比起美国进口牛肉，更胜一筹。如果兴义的优质牛肉也要求提价到每 500 克 480 元，我们的价格监管部门会不会批准呢？一个高效率的政府监管价格，必须要有高智力投入到对市场价格的研究。

3. 需要坚决地保证粮食等消费品的供应

中国现在拥有 13 亿多人口，2007 年产粮 10030 亿斤，[①] 平均每人不足 800 斤。即使现代社会崇尚减肥，这个人均粮食拥有量也是很低的。中国的耕地是有限的，再更大幅度地提高粮食产量

---

① 中国人民银行货币政策分析小组：《中国货币政策执行报告》（二〇〇七年第四季度），《金融时报》，2008 年 2 月 23 日。

已经不大可能。可目前中国还在以每年 1000 万人口的速度增长。所以，随着 CPI 爬升，对于中国来说，最重要的不是人们的价格预期攀高，也不是工薪收入偏低，而是有没有足够的粮食吃。如果闹粮荒，那时粮食价格很难控制，国际市场不可能供给中国更多的粮食，企图通过进口粮食平抑国内市场粮价是不太容易的。在中国工业化腾飞阶段，不能又是 CPI 爬升，又是闹粮荒。中国必须自己解决吃饭问题。一边是工业化腾飞，一边是保持粮食产量稳定。只要我们有足够的粮食供应，我们就能够稳定粮价；只要我们能够保护好粮食价格的稳定，我们就能够出色地监管好其他消费品的价格，不使其成为社会发展和经济建设中的严重问题。在政府的监管中，粮价、股价、楼价都是大事，而最大的大事不是价格，而是粮食的生产和供应。对于政府来说，随着 CPI 爬升，要大力加强对价格的监管，对粮食等消费品价格的监管，但还有更重要的是粮食生产和供应的工作要做好。

4. 需要尽快地提高全国人民的文化素质

中国现在处于工业化腾飞阶段，整个社会欣欣向荣，乐观向上。但就在此时，更需要人们提高素质，能够更好地应对社会突发事件。2008 年初的冰雪灾害考验了中国人，今后还可能有更大的考验需要我们承受。事实上，伴随着工业化腾飞，CPI 长期爬升，就是对我们的一种严峻考验。有人不满，有人闹事，都是难免的。但是，大局要求稳定，而稳定大局，需要人们具有与现代生活相适应的高素质，主要是文化素质。文化是人类对自身生存的理性认识的传承与泛化。在工业化时代，人们更需要文化的熏陶和约束，不能对生存失去天性和良知。想一想，我们在农村的时候，青春壮年，每天劳动只挣 10 个工分 0.4 元钱，一年挣 5000 个工分才 200 元钱，就说那时的钱值钱，也太贫苦了吧！现在的农民进城打工，一个月可以挣 1000 元，以后实行和城里人同工同酬，还可以挣得更多。就十几年后中国实现工业化来说，那时中国大部分人口都可以过上像现在的北京市民一样的生活，要知道现在 21 世纪的北京普通市民与日本普通市民的日常生活已经没有太大的差别。所以，我们说的具备基本文化素质，就是说我们都要知足。一个人不能见自己的收入多了高兴，看到 CPI 爬升就怨天尤人。有没有基本文化素质的区别就在这里，我们要提高全社会的文化素质的意义也在这里。我们应使每个人都能够理解工业化腾飞中的 CPI 爬升，都能够自觉理性地适应腾飞阶段的市场变化。

第四章　股市 20000 点

感受中国工业化的腾飞，我们还要谈及股市。这是实体经济与虚拟经济胶合的领地，是让许许多多的人充满梦想的地方。

中国股民对于股市是很沉迷的，但是，不管是赚到钱的，还是没赚到钱的，都难以说清股市的根底，这也许就是"不识庐山真面目，只缘身在此山中"。

从周一到周五，每天上午 9:30—11:30，下午 13:00—15:00，这 4 个小时，是股市的开战时间。沪深两市，1600 多只股票，一天所有的惊涛骇浪，都要在这 4 个小时内完成。我们估计，若是股市的交易时间再长一些，恐怕股民们的神经也承受不了。作为职业股民，是中国最早进入每日 4 小时工作制的人。一周只有 20 小时，比我们乘最快的火车从北京去广州的时间还短得多，却足以倒海翻江，让 1.14 亿多户股民长吁短叹、哭笑无常，让各种媒体大量地生产出演绎不尽的市场走势分析和股评文章，让证券公司画出好多的图表，赚到好多的钱。

改革之后，中国股市恢复于 20 世纪 90 年代初。1992 年，上证指数 1000 点，2000 年到 2000 点，2005 年又落到 1000 点，2006 年 11 月回升到 2000 点，2007 年 2 月到 3000 点，2007 年 5 月到 4000 点，2007 年 8 月到 5000 点，2007 年 10 月奔到 6000 点之上，以后便是总体下滑。

2008 年 1 月 22 日，《北京青年报》记者报道：中国股市昨日再现"黑色星期一",上证综指下挫 266 点,两市仅 157 只个股上涨,金融保险、钢铁、房地产等权重板块成为重灾区。昨日早市股指小幅高开,略有冲高后即掉头向下,做空动力主要来自中国石油(601857)、工商银行(601398)、中国平安(601318)等权重股。下午出现恐慌性下跌,指数基本上以全天最低点收盘,上证指数暴跌 266 点,两市创半年来最大跌幅。①

春节前,2008 年 2 月 2 日,《北京青年报》记者报道:昨日股市再度恐慌性跳水,两市股指相应创出调整行情的新低,个股继续呈现普跌格局,金融板块表现抢眼一枝独秀。在上证综指跌破年线支撑后,昨日深沪大盘再现恐慌性的大幅跳水行情,两市股指相应创出调整行情的新低,但随着部分权重指标股和钢铁板块的活跃,午后大盘逐渐回稳,最终两市股指收出带长下影线的阴线。从全天股指运行的态势来看,早盘上证综合指数以 4388 点开盘,盘中再现恐慌性的跳水行情,最低跌至 4195 点,最终报收 4320 点。②

2008 年春节过后,直到 2 月底,股市下跌的情况才有所好转。2 月 28 日,《北京青年报》记者报道:在个股全面反弹的带动下,沪深大盘展开较大幅度的反弹,金融板块继续走强,创投、新能源、传媒、电力、节能环保等板块涨幅居前。昨天早盘上证综合指数以 4256.53 点开盘,在略微探低至 4222.46 点后随着金融板块、创投概念等热点的活跃,股指迅速回升并一路震荡走高,盘中最高冲高至 4360.70 点,报收 4334.05 点,涨幅 2.26%。深成指相应呈现震荡反弹的态势,上涨 2.77%,两市共成交约 1238 亿。③

自 2004 年,中国的工业化进入腾飞阶段。这在中国经济发展

---

① 范辉:《大盘创半年来最大跌幅》,《北京青年报》,2008 年 1 月 22 日。
② 范辉:《沪市周跌幅创十年之最》,《北京青年报》,2008 年 2 月 2 日。
③ 范辉:《两市昨天大幅反弹》,《北京青年报》,2008 年 2 月 28 日。

史上是一个特殊的时期。对于这个不同于腾飞之前与腾飞之后的十几年，除了研究伴有 CPI 爬升的农业、工业和服务业建设，我们还应怎样准确地认识中国的股市呢？近来的股市，纵有波澜，但仍高昂。2008 年，中国政府要加强宏观调控，包括对虚拟经济领域的调控，这是十分必要的。政府的调控有利于工业化腾飞，有利于股市的成长。在宏观调控下，中国工业化腾飞阶段将继续创造高增长，实现又好又快的经济发展，这种腾飞的高增长同时也将带动中国股市的腾飞，创造股市的强劲上升态势。2006 年的股市大涨开了一个好头，使 2008 年的股市能在 4000 点以上的价位上运行，这就预示着在大局要求稳定的前提下，中国的股市在中国的工业化腾飞阶段，可以稳健地一年涨 1000 多点，到 2020 年中国基本实现工业化之后，攀升到 20000 点。在今天看来，只要宏观调控能够发挥强有力的作用，中国股市能够平缓规范成长，这一具体目标并不是难以实现的。也就是说，在未来的十几年里，中国的股市也能够腾飞，中国的工业化腾飞将支撑中国的股市健康地飞起来。

一、股民需要赚钱

在中国的工业化进程中，重新创立了股市；在中国工业化腾飞阶段，股民们才可以赚到更多的钱。股民是需要赚钱的，倘若赚不到钱，他就不做股民了。那么，股民们怎样才能够在股市赚到钱呢？中国的工业化腾飞为什么能够带动股市也腾飞呢？以下，我们从市场的三个方面进行分析。

1. 股东的市场

让股民赚到钱的基本市场是股东市场。在中国，似乎所有的股民都不愿意做股东。但他们明明是股东，能使他们赚到钱的基本依靠是股东身份。这个钱来自于企业，即上市公司。买了股票的股民们，就是上市公司的股东。只不过，这些年来，绝大多数的股民是从二级市场买到上市公司股票的，很不合理。有报道说，目前，证监会正在修改股票发行规则，希望能让更多的散户股民买到原始股。我们认为，要改变新股发行的抽签方式，也要对中签者的申购数量做出上限控制，不能像现在这样只有下限没有上限，一家拟上市公司公布发行 5000 万股，就允许一位申购者买5000 万股。

上市公司得到发行股票融资的钱，也就得到了自己的股东们，按资本运作的要求讲，应该给予股东回报。股民们作为股东，应该看重上市公司给予的回报。得到这种回报，应该是股东市场的本分，应该是股东们购买股票的最基本动力和最基本的企盼。现代的股票市场，不论多么发达，也应是建立在这一基础之上的。上市公司给予股东回报的多少，就相应成为股东对于上市公司的选择依据。所谓股票市场用脚投票的道理，也正是基于这一机制，促进企业的竞争与发展。而一般来说，上市公司的经营业绩越好，资产升值越高，给予股东的回报就越多；反之亦然，这就是股民购买股票要看公司业绩的基本原因。一个稳定发展的股票市场，其基本面应该是一个股东市场。失去股东市场的存在，就失去股票市场促使企业发展的基本意义。

上市公司给予股东回报的基本形式是分红，每年分红。2008年初，"随着年报的陆续披露，沪深股市上市公司新一轮分红潮或将掀起。上市公司分红没有强制性要求，但据统计，202 家上市公司在此前的股改方案中已对 2007 年分红作出了承诺，预计分红规模就已达到 399.70 亿元左右。再加上没有股改承诺的公司分红，业内人士预计，上市公司分红总规模有望超过 500 亿元。统计显示，沪深两市上市公司在股改方案中对未来分红作出承诺的共有 266 家，其中，64 家公司在承诺期内并没有兑现分红。不过，在分红承诺处于有效期的 202 家上市公司中，以当年可分配利润的一定比例作为分红承诺的有 197 家，以一定额度作为承诺的有 4 家公司，另外，德赛电池公司虽有承诺但分红方式尚不明确。根据去年前三季度业绩推算，剔除亏损和未分配利润为负的 11 家公司，承诺分红的 191 家公司可分红额度约为 399.70 亿元。去年前三季度每股未分配利润在 0.5 元以上的公司有 120 家，占比达到六成。不仅如此，52 家上市公司每股未分配利润超过了 1 元，最高的前 10 家上市公司分别为贵州茅台、兰花科创、国阳新能等，每股未分配利润均在 2 元以上，也有能力实施高比例分配。除了股改分红承诺的兑现，上市公司业绩的大幅增长也支撑了分红预期。根据沪深两市 600 多家上市公司已发布的 2007 年年度业绩预告，预计业绩增长的上市公司有 400 多家，占比接近七成。其中，半数以上公司预计业绩增幅超过 50%，210 家公司业绩预增幅度超过 100%，28 家公司业绩预增 1000% 以上。按照惯例，这些业绩大幅增长的上市公司，也将成为分红的主力。上市公司分红潮还未到来，但在分红预期下，绝大多数承诺分红公司股价已经跑赢了大盘。今年以来，承诺分红的 202 家上市公司中，196 家公司股票处于正常交易状态。在今年以来的区间内涨幅超过大盘的有 150 多只，占比接近八成。累计涨幅居前上市公司分别为北大荒、山东黄金、两面针、华帝股份、湖北宜化等"①。

　　股东们得到的分红回报属于非劳动收入，是仅凭占有股权而占有企业生产经营创造价值的一部分。而上市公司的资产升值，也是对股东的回报。不过，我们应明确，不论是上市公司融资得

---

① 蒋娅娅：《上市公司分红规模将超 500 亿》，《解放日报》，2008 年 1 月 28 日。

到股民购买股票的钱，还是上市公司回报股东的分红钱，即股民从企业得到的钱，基本都是实体经济领域运作的货币，基本不是虚拟经济领域的流动性。这是股东市场的基本性质，股民们对此需要有准确的认识。

在股东的市场，从根本上说，股民们能不能赚到钱，取决于上市公司的业绩。如果上市公司百分之百业绩好，都分红，那么股民们就百分之百赚钱，分红越多，赚钱越多。实际上，就股东市场讲，在所有的上市公司中，有多少分红的，那么在所有的股民中，就相应有多少赚钱的。从作股东的股民角度讲，只有买到不分红的上市公司的股票，才不赚钱；若买的是不仅不分红而且最终还垮掉的企业的股票，那就赔钱了。由于上市公司绝大多数是行业中的龙头企业，是经营业绩良好的优秀企业，所以，具体到各个股民，在股东市场，能不能分到红，或是赔或是赚，是赚多少，还是在于股民自己对股票的选择。

2. 炒股的市场

现在的股民不愿作股东，就是选择了炒股的市场。炒股就不是赚企业的钱，而是在虚拟经济领域的市场上赚钱。由少数股民的部分股票交易产生的价格决定所有股票的市值，最真切地表现了炒股市场的虚拟经济性质。

2008年初，中国南方遭遇特大冰雪灾害，中国股市的炒股市场也烽烟滚滚，市值缩水。"来自沪深证券交易所的最新数据显示，截至25日本周最后一个交易日，沪深股市流通市值为92162亿元，较上周末（18日）'缩水'5.36%。同期，两市总市值为302099亿元，一周减少7.56%。截至1月25日，沪市流通市值为63155亿元，较上周末减少5.76%；深市流通市值为29007亿元，较上周末减少4.48%。同期，沪市总市值为244790亿元，一周减少 8.07%；深市总市值为 57309 亿元，一周减少 5.35%。"①

在这一轮的大盘下跌中，很多的散户股民跑掉了。直到 2008 年的 2 月底，这些股民才陆续回到股市。据《北京青年报》记者 2 月 28 日报道，"节后大盘连续调整，上周五再次跌破年线，这使得不少散户改变节后的观望态势，纷纷挽起袖子开始抄底了。根据中国证券登记结算公司的最新数据显示，A 股的参与交易账户数在持续下滑四周后，上周突然上升。与此同时，虽然 A 股持仓账户数偶有波动，但整体趋势也在向上攀升。记者对比中登公司 1 月 7 日以来连续六周的持仓账户数和参与交易账户数发现了这一变化。以期末持仓 A 股账户数来看，2 月 18 日至 2 月 22 日为 4502.84 万户，2 月 4 日至 2 月 15 日为 4466.86 万户，1 月 28 日至 2 月 11 日为 4437.54 万户，1 月 21 日至 1 月 25 日为 4427.22 万户，1 月 14 日至 1 月 18 日为 4395.84 万户，1 月 7 日至 1 月 11 日为 4354.94 万户。记者对比发现，虽然从 1 月 7 日至 2 月 22 日的交易日里，期末持仓 A 股账户数虽然上下有小幅波动，但从 1 月 7 日至 1 月 11 日的 4354.94 万户到 2 月 18 日至 2 月 22 日的 4502.84 万户，可以看出 A 股持仓账户数在大幅度增加。其中，上周 A 股持仓账户增加 35.98 万户，增幅超过前一周的 29.32 万。从参与交易的 A 股账户数来看，2 月 18 日至 2 月 22 日为 1542.12 万户，2 月 4 日至 2 月 15 日为 1153.56 万户，1 月 28 日至 2 月 11 日为 1368.27 万户，1 月 21 日至 1 月 25 日为 1866.50 万户，1 月 14 日至 1 月 18 日为 2081.80 万户，1 月 7 日至 1 月 11 日为 2096.41 万户。可以看出，1 月 7 日至 2 月 15 日的所有交易日里，参与交易的 A 股账户数一直在走下坡路，而且下滑幅度比较大，从 1 月 7 日至 1 月 11 日的 2096.41 万户滑落至 2 月 4 日至 2 月 15

---

① 潘清、何广怀：《沪深流通市值一周"缩水"逾 5%》，《北京青年报》，2008 年 1 月 28 日。

日的 1153.56 万户，但这一趋势在上周突然发生变化，2 月 18 日至 2 月 22 日的周交易账户数陡升至 1542.12 万户，比前一周增加 388.56 万户，这说明市场交易活跃度略有上升。对于 A 股持仓账户数和参与交易账户数的增加，中投证券分析师徐晓宇认为，一方面从购买股票的人来说，现在市场上越来越多的人改变以往的观望，开始随着大盘的调整逐渐买进筹码，这部分投资者主要是散户，包括年初拿到年终奖的人和一些离场的人；另一方面，从卖方来说，2 月份是大小非解禁的高峰，卖方的增加并不意外。此外，上周沪深股市新增股票账户 45.88 万户，超过前一周的 35.43 万户。其中，新增 A 股账户 45.62 万户，新增 B 股账户 2633 户"①。

炒股的股市波动的大小，是由股民交易的活跃程度决定的。股民通过市场交易赚钱，虽然是在虚拟经济领域的市场，这一领域的交易量是不计入 GDP 的，也一定要坚决地牢牢守住最最古老的"贱买贵卖"的商业原则，即要像做其他一切生意一样，低价买，高价卖。别看上市公司是有数的，在证券交易大厅看股价大盘，一会儿遛一遍，但要找好能够低价买高价卖的股票，还是很不容易的。一些股票型基金经理是专干这一行的，有丰富的专业知识和市场实战经验，其中最棒基金经理 2007 年赚了 226.24%。② 而其他人就没有那么开心了，因为 2007 年还是有很多的股民没有赚到钱。在能够赚钱的股民中，并不违规交易，而是遵纪守法，其最高的智慧就是"孙膑赛马"，也就是说，用三分之一的输，保证三分之二的赢。如果是高智商的人都投入炒股的市场，他们肯定懂得在这一市场如何赚钱，只是那样的话，社会科学技术的发展就找不到支撑的力量了。现在，在这一市场没

<hr/>

① 吴琳琳：《大量散户摆脱观望开始抄底》，《北京青年报》，2008 年 2 月 28 日。
② 吴琳琳：《最棒基金经理赚了 226.24%》，《北京青年报》，2008 年 1 月 7 日。

有赚到钱的股民，总想请赚到钱的人讲一讲在这一市场如何赚钱，这就好比是请狐狸给鸡讲狐狸如何吃鸡的故事。你也想成为狐狸吗？那前提是必须先有鸡。在这一市场上，如果都是狐狸，那就没有炒的了。狐狸们不仅要通杀鸡们炒股的钱，而且还要顺便吃掉上市公司本来给予鸡的一些利益。2007 年，中国股民炒股有约一半的人没有赚到钱，其实并不是这一市场的常态。这一市场的常态是更残酷的，那就是人们通常说的"一赚二平七赔"。

炒股赚的钱也属于非劳动收入，而且，更准确地说，这些来自虚拟经济领域市场交易的收入，是合法的非劳动收入。中国步入市场经济体制改革阶段之后，早已明确国家保护合法的非劳动收入。我们需要进一步明确，这样赚钱的股民得到的炒股收入，不是来自上市公司的钱，而是纯粹的市场交易所得，是他们在炒股的市场通过自觉的或不自觉的市场博弈成功而取得的胜利果实。

3. 腾飞的市场

中国居民大量地涌入股市，成为股民，可不是想被市场吞掉自己的钱。在现阶段，所有的中国股民都想赚钱，而且还是想赚大钱。大家都在等时机，2007 年不是让一些人等到机会了吗？但更多的人相信，中国的股市，还有更大的机会。这些股民的直觉是十分准确的。依据理性来分析，这个机会肯定是存在的。为什么炒股的市场常态是"一赚二平七赔"，而中国现在的股市能打破这一常态，可以出现满堂红呢？这就是因为 20000 点在召唤，由中国工业化腾飞支撑的 20000 点将改变所有进入腾飞市场的股民命运。这个腾飞的市场不是股市的常态，而是工业化腾飞特定阶段在股市上的反映，由此造成的非常态性的腾飞股市，可以给几乎所有进入这个腾飞股市的人带来股票市值的倍增。这就是股民们幻想的人人赚钱的那一天，以前在中国股市曾经有过这样的瞬间，而从现在到 20000 点，我们还会看到更多的这样的好时光。

中国工业化腾飞的力量是任何国家工业化都未曾有过的，因为这是从 13 亿人口发展到 15 亿人口的工业化。工业化的腾飞能够给中国人创造以往不敢想象的越来越多的收入，其中，就有一部分会源源不断地进入股市。这是中国股市腾飞的货币基础。没有货币的大量涌入，任何股市都是飞不起来的。就此而言，将来有大量的货币进入股市，就是我们期盼的股市腾飞的直接缘由和最基本的必要条件。股市大盘的飙升，看似是偶然的，实际是必然的，经济发展的实力是在其背后主使的。如果人们想不到这种主使作用，或是人们看不到这种必然性，那可能会对未来的股票市场无动于衷。但现在已不是 30 年前刚刚开始改革的时候了，甚至与 15 年前刚刚进入市场经济体制改革时相比又有很大的变化，这就是说，随着中国人金融意识的增强，在工业化腾飞阶段，必定会有比现在多得多的钱投入股市，促使股市腾飞，必定会有比现在多得多的人在腾飞的股市赚到更多的钱，酣畅淋漓。

贫穷的中国不需要多少货币，可腾飞的中国却需要巨大的货币量。贫穷的中国也不需要股市，可腾飞的中国却需要巨大的股市。以传统的习惯和认识看待今日的工业化腾飞，肯定是不理解的，因为以前从来没有见过这么大的经济流量。中国至今还有许多的经济落后地区，很缺钱，中国的股市现在很小，要做大，也很缺钱。这就是说，我们一定要认识到，中国已进入工业化腾飞阶段，这不同以往，这个时候比其他任何时候都更需要货币。飞机起飞的时候最费油，等到飞进了平流层，就用不了多少油了。中国工业化的腾飞，就像飞机起飞时一样，需要很多的油。只要我们转变观念，保证工业化腾飞顺利，那股市腾飞的货币需要就是可以在市场化发展的前提下实现的。

2006 年，一位非常熟悉中国股市的人士说："在未来 15 年内，即在 2020 年以前，中国经济将迎来一个前所未有的'超白金时代'。中国经济将保持高速增长，而且经济增长在质量上将全面超过前 20 年，必将创造世界经济发展史上的一大奇迹。"[1] 这位证券界资深人士的认识非常透彻，所以他断定，这时期的中国股市存在最大的投资机会。

所谓最大的投资机会，就是股市直升 20000 点之前的机会。

市场永远是有升有降的，但腾飞的股市会一直是大势趋升的。股民们就是在这种升势中赚钱的。股价的一路高升，与价格上涨和 CPI 爬升是相关的，或者说，是股市外的价格上涨和 CPI 爬升间接地推高股价。而并不是通货膨胀的价格上涨和 CPI 爬升，却实实在在地是货币的贬值。这也就是说，在工业化腾飞阶段，股市直接炒作推高股价的背后，是价格上涨和 CPI 爬升形成的货币贬值间接地推动着股市腾飞。股票所代表的资产因货币贬值而价格提升决定了股价的升高，而股民们正是在这种腾飞的市场获得股票市值的剧增。也许企业的资产一点儿都没变，只是货币贬了，因此，价格高了，股民们拥有的股票也就表示出更高的市值。所以，市值并不完全是炒作的，炒只能炒几天，决定性的还是要看货币的币值。实体经济中的价格涨起来，货币由此贬下去，股市的大盘才能比较稳地升上去。在金钱的世界里，是没有奇迹的，有的只是我们对其中的机理不知晓。一旦知晓了，它就是一只看得见的手。认识股市，一定要清楚，钱是从哪儿来的，价是怎么升上去的。在腾飞阶段，懂得了这些，就自然会知道，在腾飞的股市，股民们都能够赚钱，赚的就是货币贬值的钱。那些钱放在

---

[1] 　陈宏超：《享受成长》，经济科学出版社，2007。

银行里，作为储蓄存款，是会贬值的，而进了腾飞的股市，市值就升起来了，一变现，可能就是加倍的钱。这就与买了一套房子而不是将钱存在银行里的道理一样，房价升几倍，都还在住房子，若将钱放在银行，钱还是那么多钱，可要买房住，就恐怕连一半的支付能力都没有了。所以，看到腾飞阶段出现价格上涨和CPI爬升，具有唤醒的金融意识的中国人，都会积极主动地将他们提高收入的钱投进股市和房市，支持股市腾飞和房市兴旺。

如果没有货币贬值，怎么可能让股民都赚钱。如果没有货币大的贬值，怎么可能让股民都赚很多的钱。在工业化腾飞阶段，不买腾飞市场中的股票，就如同2007年之前没有买房子的，用一位知名的房地产商的话来说，那是都亏了。

股民赚钱只有两个渠道：一个是企业给钱，一个是通过市场交易。在腾飞的股市，所有的股民赚到的货币贬值的钱，也不脱离这两个渠道。只不过，不论是哪个渠道，腾飞的股市非常态地发展都能为股民带来更多的钱。

二、物价牵动股价

2007年，猪肉不涨价，股市不会到6000点。股价与物价相关联，因为两者都是货币的价格表现。在现代市场经济中，物价影响股价，股价也影响物价，它们是相互影响的。所以，研究股价，要同时研究物价；研究物价，也要同时研究股价。

1. 猪肉价格与股票价格

我们从股价研究的角度看，猪肉价格不再涨了，它对股价的拉动力就小了。2007年，是在猪肉价格的强烈带动下，股价得以冲了上来，这引起了股市的一片狂欢。现在，我们讲的猪肉价格已经成为实体经济领域产品价格的代名词。在工业化腾飞阶段，实体经济领域的价格还涨不涨，猪肉的价格还涨不涨，不取决于我们的主观愿望，而取决于市场客观发展的实际。通过市场分析，我们可以发现，人们都是期望猪肉价格落下来，股票价格涨上去。其实，这种预期是不现实的，或者说，即使有，也是一种市场的扭曲，是市场盲目性的表现。在共同的货币作用下，股票市场与猪肉市场是相关联的，因为人们手持货币，可以买猪肉，也可以买股票。一般说，人们买猪肉要依着肚子买，吃不了那么多肉，有钱也不能买；可要是买股票，就只有钱的限制，而没有肚子的限制，所以，只要有钱，只要愿买，可以不限量地买。在正常情况下，人们不会用准备买猪肉的钱去买股票，也不会用准备买股票的钱去买猪肉，这样就相安无事。如果猪肉价钱上涨了，人们也不会卖股票买猪肉。如果股票价格上涨了，人们也不会不吃猪肉买股票。只是，人们日常买猪肉的量不会增加，可人们买股票的量却可以突然增加，将更多的钱投向股票市场。如果买猪肉使用一种货币，买股票使用另一种货币，那猪肉价与股票价格就没有太大的关联度，可能是各行其是。但现在这种情况如果不存在，股票价格与猪肉价格脱离不了关联，任何进入股市的人都要明确这一点，这对于认识腾飞的市场是极为重要的。

　　在经济学研究的意义上区分，人们买猪肉是消费，买股票是投资。消费与投资截然不同，消费是花掉钱，投资是为了获得更多的钱。所以，猪肉价格的上涨，在消费量不变的条件下，是要使人们花掉比以前多的钱；而股票价格的上涨，却意味着人们的钱比以前多了，原封不动就多了。如果是用投资获得的更多的钱，即用股票价格上涨得到的钱，去买猪肉，那可能不在意猪肉价格的上涨。如果股票价格涨得很高，而且知道这种价格升高是猪肉价格上涨引起或关联的，那可能股民还会欢迎猪肉价格的上涨。这是同一货币下的市场联结。毕竟人们吃不了多少猪肉，而喜欢从股市上得到更多的钱。只不过，若不是股民，那是不会有这样一种感受的。

猪肉价格是实体经济的价格，股票交易价格是虚拟经济的市场价格，所以，猪肉价格与股票价格的关联，是实体经济与虚拟经济的价格关联。实体经济的猪肉价格不能炒作，市场管理是有严格限制的。虚拟经济的股票价格允许炒作，只是不允许过度炒作和暗箱炒作，其合法炒作是公开化的。猪肉价格上涨，所有的猪肉都涨价，或者说，都按上涨的价格售出；股票价格上涨，也是所有的股票市值上涨；但是，猪肉是都要售出的，即都要消费的，而股票却未必都售出，也无法都按上涨的价售出，股票是只有价，不可卖，一卖就落价或大落价。这就是虚拟经济与实体经济的不同，股票价格代表的是虚拟的市值，不同于猪肉价格具有的实体效用支撑的实在性。

在 2007 年，我们已经看到了猪肉价格对于股票价格的影响。而在实体经济与虚拟经济一体化的市场，股票价格也会影响猪肉价格。股票价格的上涨也代表着货币的贬值，在某钟意义上说，这是同实体经济一样的货币贬值。只是，股票的价格上涨，可能形成的货币贬值更严重，比猪肉价格上涨的影响更大。

2. 股票价格的世界联结

2008 年初的中国股市走低，是受世界经济的影响，尤其是受到美国经济和美国股市的影响。在这种关联中，大量的国际游资涌入金融尚未放开的中国是极其重要的影响因素。同时，国际油价的上涨也对中国股市造成一种强烈的外部影响。但中国工业化腾飞以来最好说明股票价格与世界市场联结的实例还是猪肉价格。2007 年，在中国的市场上，是猪肉价格的上涨推动了股票价格的上涨；而从世界经济的角度看，是玉米价格的上涨推动了猪肉价格的上涨，是世界性的工业耗粮终于引发了中国股市的热浪。这其中，有中国工业化腾飞的决定因素，也有来自国际玉米市场大潮动荡的影响。

"最近的猪肉大幅涨价让诸多平民百姓叫苦不迭。追溯涨价缘由，竟与汽车有着千丝万缕的联系。正是乙醇汽油热导致的粮食价格上涨，带动了猪肉等一系列食品价格的快速攀升。猛然间，我们发现面临的绝不仅是'开车还是吃肉'的问题，而是'开车还是吃饭'的问题。以乙醇燃料替代车用汽油，曾被各国当成摆脱石油依赖的重要出路，科技力量强大的美国引领了乙醇汽油的发展潮流。美国总统布什在今年 1 月的国情咨文中表示，美国增加乙醇生产的目标是到 2017 年达到年产乙醇 350 亿加仑。10 年后美国的汽油消费量中将有 20% 被玉米为原料的乙醇汽油替代。目前土地资源丰富的美国、巴西都已成为世界乙醇汽油生产的领军大国。乙醇汽油对正在进入汽车社会的中国有着巨大诱惑——'种出石油'，曾被想象成中国为发展汽车业奠基的一条阳光大道。于是乙醇汽油项目堂而皇之地大干快上，在短短几年就遍及我国若干省市，其中最兴奋的就是产粮大省了。可惜我们在跟风乙醇热时忘记了一点：我们有那么多地'种石油'吗？我国早已丢掉地大物博的桂冠，成了资源缺乏的国家。中国人均耕地面积已由 2004 年的 1.41 亩进一步减少到 1.4 亩，仅为世界平均水平的 40%；现在中国即使所有耕地都用来生产乙醇汽油，也仅能生产全国年石油消耗量的 50%。当美国玉米出口已占世界总出口量的 70% 时，'十一五'期间我国玉米缺口为 350 万吨，将由玉米的净出口国转变为净进口国。我国从 2004 年已成为农产品的纯进口国。最重要的是我国不少贫困地区的百姓还没有足够的玉米吃。自我观照一下，汽车保有量上中国不能与车轮上的美国攀比，粮食变燃油的时尚，中国更难向美国学习。可惜这条路中国已经走得够远：按照规划，到'十一五'末期，中国燃料乙醇的年产能将从目前的102万吨达到500万吨，成为仅次于巴西、美国的第三大燃料乙醇生产和使用国。我国乙醇汽油生产企业都是'耗粮大户'。仅一个相当规模的乙醇生产企业每年需要消耗的玉米就约145万吨，占全国玉米总产量的1.03%。2001年国内酒精原料中玉米原料占总量的比重为59%，2006年这一比重已经上升到79%。目前乙醇生产企业都在为玉米紧缺而发愁。企业间的抢购让我国玉米价格飞速上升。由于乙醇汽油生产企业的惊人胃口，原为全国产粮第一县的吉林省榆林市，现在全部粮食都不够乙醇汽油企业用，还需从外省买粮；据悉东北三省这样因生产乙醇而由粮食产区变销区的县市已比比皆是。当许多中国穷人还靠棒子面活命时，'烧'玉米驱动汽车似乎与可持续发展的人道起点相距甚远。乙醇汽油热同样遭到全球性的质疑。2007年美国玉米种植面积已达到二战后最高点，玉米价格两年来翻了一番，世界玉米价格也跟着扶摇直上。"[①]

人们现在慷慨激昂的是乙醇汽油热耗掉大量的玉米，这一国际市场动向严重地影响了中国的实体经济发展，影响了中国粮食的生产与消费。但是，事实上，随着中国市场与国际市场的深度联结，这种世界范围内生产乙醇汽油的新兴耗粮工业的创始，一方面影响着中国的工业化和农业现代化进程，再一方面也通过实体经济与虚拟经济联结的方式真实地影响了中国的股市成长。

---

① 晨风：《疯狂的玉米：人车争食?》，《经济观察报》，2007年6月11日。

三、股市的扩容与转型

在中国工业化腾飞阶段，中国的股市需要急剧地扩容，也需要切实地按照市场经济体制的要求转型。中国股市的扩容是中国经济又好又快发展的需要，中国股市的转型是中国经济体制改革30 年之后更坚定地走市场化改革之路的需要。

1. 股市扩容

相对已经是经济总量位于世界第四位的大国地位，艰难发展了十几年的中国股市的市场空间还是太小。"截至目前，沪市拥有上市公司 860 家，上市证券 1130 只，上市股票 904 只，总股本14196 亿股，总流通股本 3445 亿股。深市拥有股票 716 只，总股本 2814 亿股，流通股本 1536 亿股。"①

眼下，中国证监会已经在积极地努力准备对中国的股市扩容了。在 2008 年 1 月 12 日举办的第十二届中国资本市场论坛上，中国证监会主席尚福林指出：新一轮生产要素全球配置中，资本、信息、技术等高端生产要素的流动更加便利，范围也更加扩大。自上世纪 90 年代以来，生产要素在全球范围内的流动和规模扩张明显加速，跨国公司实施全球资源配置和生产要素的配置，几乎所有的国家都不同程度参与了这种配置和重组。但相当长的一段时间内，由于中国的资本市场不健全，市场化的定价机制不完善，缺乏一个公开、有效的交易平台，制约了中国参与经济合作的这一主要渠道发挥作用，应通过大力发展资本市场，推动全球生产

---

① 潘清、何广怀：《沪深流通市值一周"缩水"逾 5%》，《北京青年报》，2008年 1 月 28 日。

要素的有效配置。逐步引导和推动符合条件的境外公司在境内上市，将在新一轮产业转移中，使资本、技术等高端生产要素向有利于中国经济发展的方向流动。尚福林在会上还提出：要把扩大直接融资比重作为当前和今后一个时期推动资本市场稳定发展的一项重要工作。针对中国直接融资比例仍然偏低、直接融资过度依赖股权融资的状况，要进一步优化资本市场的结构，推动优质大型企业和高成长性的中小企业发行上市。扩大已上市公司流通股的比重，在发展流通股的同时，要发展公司债券市场，完善多层次市场体系建设，适时推出金融建设，多渠道增加金融融资在融资总量中的占比。尚福林还强调，将推动上市公司并购重组。他提出，通过资本市场的价格信号和筛选功能，推动上市公司收购、兼并和重组，将推动资源在不同行业的优化配置，引导和支持创新要素向高技术企业聚集，从而促进产业结构的升级和创新型国家的建设。[①]

仅就目前中国拥有的 1 亿多股民来说，我们认为，在中国工业化腾飞阶段，第一期的股市扩容，就应使中国股市的上市公司数量达到 4000 家。

2. 股市转型

从当前形势看，对于中国的股市来说，比扩容更重要的是转型。自建立股票市场以来，中国的上市公司主要是国有企业和国有控股公司，是公营企业和公营控股公司，民营企业上市融资的很少。就市场经济体制建设要求讲，股票市场主要应是民营企业的直接融资渠道，我们已经建立的股市并不符合市场经济体制的要求，并不符合其他市场经济国家股市发展的共同趋势。

---

① 吴琳琳：《证监会将推动境外公司境内上市》，《北京青年报》，2008 年 1 月 13 日。

为此，我们提请各界人士注意，在今后的经济发展中，在中国工业化腾飞阶段，中国股市必须实现市场经济体制建设要求的转型，由现在政府控制的企业上市为主转为真正属于民营企业的直接融资渠道。

未来，中国股市的转型并不能将现有的国有企业、国有控股公司，公营企业、公营控股公司等政府控制性质的上市公司全部退出。如果这一类公司中有个别的企业是可以退出股市成为非上市公司的，那可以按照现有的退市规定采取稳妥的手段告别股票市场。但对大多数现有的政府上市公司来讲，是不能采用退出政策的，而只能是将这些公司改造成民营企业。按惯例，民营企业并非不能使用政府投资，只是政府的股份占有不能起到控制企业的作用。现在，为发展中国市场经济，规范中国的资本市场，实现中国股市的转型，有效地进行政府对虚拟经济领域的宏观调控，除了慎重地安排一定的政府的上市公司安全退出股票市场外，主要的工作应是改造现有的还不需退出的政府上市公司。改造的主要措施可以是：第一，将政府控股上市公司的未上市股份中的国有股的一部分上市发行，转为公众流通股。这实际上并没有难度，因为这几乎不是一个操作层面的阻碍问题，而是一个理论层面的认识问题，只要认识上的障碍解决了，市场上的操作是不存在问题的。这就是说，股权配置改革的根本意义在于改变上市公司的性质，一定要将其从政府控制的企业范围中拉出来。第二，将政府控股上市公司的未流通的国有股以净资产的评估价格为参考协议转让给民营企业或外资企业。经济理论界一定要在这种转变中发挥作用，督促政府有关部门推进这种转变。如果现在的政府控股上市公司不能做这种转变，必须保留政府控股公司的性质，那就只能将其妥善安排退市了。第三，将政府控股上市公司现有的国有股拍卖，购买者仍是民营企业或外资企业。这种方式的改造应有严格的条件限制，一是公司的股权适于拍卖，二是必须事先联系好参加竞买的企业。

退一步说，将现有的国有企业、国有控股公司，公营企业、公营控股公司等政府控制性质的上市公司基本上全都转为民营资本控股的上市公司，既是中国国有企业和公营企业改革的推进，也是中国股市腾飞 20000 点的希望。

第五章　通货膨胀

　　经济学的发展与其他学科明显不同，至今对于若干重要的基础范畴存在着争论，甚至是认识上的完全对立。劳动，是指单纯的劳动主体活动，还是指劳动主体与劳动客体的统一；价值，是指劳动主体的劳动时间平均化，还是指劳动主体与劳动客体统一构成的劳动整体作用的凝结；剥削，是存在，还是不存在；效用，是指人们的主观心理感受，还是指主观评价与劳动成果客观有用性的统一；经济规律，是人为构造的，还是客观存在的；纳什均衡，是引导人们忽视共同利益的存在而博弈，还是要求推进社会对共同利益的管理等等，都有认识分歧。而对于通货膨胀也尚未统一认识。据 1998 年出版的中国社会科学院经济研究所编《政治经济学大辞典》阐释："对通货膨胀一词，经济学家们有不同的解释，例如费里德里希·哈耶克（F. A. Hayek）认为：'通货膨胀一词的原意和真意是指货币数量的过度增长，这种增长将合乎规律地导致物价的上涨。'费里德曼（M. Friedman）认为：'物价普遍的上涨就叫做通货膨胀。'罗宾逊（J. Robinson）说：'通货膨胀是由于对同样经济活动的工资报酬率的日益增长而引起的物价直升变动。'马丁·布朗芬布伦纳（M. Bronfenbrenner）把西方学者关于通货膨胀的定义划分为四种类型：第一种定义把通货膨胀的根源归于商品市场上存在的过度总需求，认为通货膨胀是一种社会经济生活普遍存在过度需求的状态；第二种定义把通货膨胀归于货币的增加，认为通货膨胀是货币数量的过度增长；第三种定义主要突出了通货膨胀的某些性质和特征，从预期、成本、名义收入等方面来解释通货膨胀；第四种定义强调外部经济关系对国内物价水平的影响，认为通货膨胀是本国货币对外国货币比值下跌，从而导致物价水平的上涨。马克思认为：纸币纯粹是货币符号，它本身没有价值，只是代替金属货币执行流通手段的职能。纸币的发行量必须以流通中所需要的金属货币量为限度。如果纸币的发行量超过了它象征性代表的金（银）的流通数量，它就要贬值。通货膨胀是货币发行量超过商品流通中的实际需要而引起的货币贬值和物价持续上涨的经济现象。总的来说，通货膨胀具有两个基本特征：（1）纸币因发行过多而急剧贬值。（2）物价因纸币贬值而全面上涨，物价上涨是普遍、全面和持续的。"①

一、什么是通货膨胀

尽管现在人们普遍地使用通货膨胀一词，但在学术界，如上所述，对通货膨胀的表现与成因仍缺乏能够自圆其说的深刻认识。比如按第四种定义，对中国工业化腾飞阶段，一方面汇率提升，一方面通货膨胀压力加大，无法解释。而在经济实践中，多有模糊和误用的情况。特别是，现代银行业使用的通货膨胀的术语涵义，根本经不起细究。

1. 不能以市场价格上涨的表现与成因解释通货膨胀

用市场价格的上涨来解释通货膨胀好像挺容易，既直观又简

---

① 　张卓元主编：《政治经济学大辞典》，第148页，经济科学出版社，1998。

单。但是，这就好比用地上有水解释天上为何下雨，既将天上下雨错误地讲成是地上有水的必要条件，又只能讲天上下雨而无从解释下雨的原因。通货膨胀的后果必然引起价格上涨，只是，价格上涨未必就是因为通货膨胀。也就是，如果天上下雨，地上必然有水；而地上有水，却未必天上下雨了。所以，我们将通货膨胀比作天上下雨，将地上有水比作价格上涨，那通货膨胀就是价格上涨的充分条件，而价格上涨并不是通货膨胀的充分条件，即可以据通货膨胀确定价格必然上涨，不可以因价格上涨必然确定通货膨胀，从逻辑上不允许这样做。从实际来说，价格上涨是比以往卖家赚更多的钱而买家要付更多的钱，形成这种市场交易关系改变的原因很多，并非各种原因都与产生通货膨胀的原因一致。所以，不能用价格上涨的原因解释通货膨胀的原因。目前，经济学不论是说需求推动还是用成本拉动解释通货膨胀，其实，都讲的是价格上涨的原因。通货膨胀直接是改变货币关系，通货指的就是通用的货币，膨胀说的就是投入使用的货币过多了，而形成货币过多的原因就是我们研究通货膨胀的原因，或者说就是要研究天上下雨的原因，但这其中偏偏不能将价格上涨列为通货膨胀的原因，或者说决不可能将地上有水也列为天上下雨的原因。因为通货膨胀的结果是引起价格上涨，不能用结果解释原因，不能循环论证，即不能说价格上涨是通货膨胀的结果，价格上涨又是引起通货膨胀的原因，通货膨胀就是价格上涨。

货币的发行适当是以社会创造的劳动成果数量及价格决定的，没有绝对量的限制，只有相对的衡量标准。价格上涨了，就要跟随着发行比以往多的货币；价格暴涨了，就要发行比以往多得多的货币，但这种多发货币，是市场的需要，是银行的本分，只要与劳动成果数量及价格的要求相符，就不存在投入使用的货币过多的问题。而通货膨胀就是指货币多了，这是很明确的，我们先不解释这种多的原因，只是合乎逻辑地讲结果，那就是货币贬值和价格上涨。这也就是说，通货膨胀也是价格上涨的一种类型或原因，通货膨胀型的价格上涨是因为投入使用的货币多了引起的。这样，我们就可以分辨得很清楚：对于通货膨胀来说，其结果是导致价格上涨，是价格上涨中的一种，这是由于钱多了引起的价格上涨而不是其他原因引起的价格上涨。所以，不能将通货膨胀与物价总水平上涨划等号，通货膨胀就是钱多了，必然引起价格上涨，而引起价格上涨的原因还可有其他的方面。只是对由于钱多了引起的价格上涨，要定为通货膨胀的责任；对其他原因的价格上涨，不能眉毛胡子不分，都统统说成是通货膨胀了。对于通货膨胀的结果，我们还可以准确地说，由于投入使用的货币过多了，造成货币贬值引起的价格上涨，不同于其他原因价格上涨引起的货币贬值。

2. 通货膨胀的货币贬值不同于价格上涨的货币贬值

通货膨胀必然引起货币贬值，价格上涨也必然引起货币贬值，但是，通货膨胀引起的货币贬值不同于价格上涨引起的货币贬值，对这两种货币贬值需要加以区分，不能不分青红皂白。为了论述的需要，在对这种区分的阐释中，我们暂且将通货膨胀引起的价格上涨剥离出来，在此抽象确定价格上涨中不存在通货膨胀型的。

通货膨胀引起的货币贬值，是投入使用的货币过多而造成的，是货币过多对市场交易的影响；而价格上涨引起的货币贬值，是价格关系变化造成的，是市场交易的支付需要对增加货币供给的要求。因而，通货膨胀引起的货币贬值，是非价格因素造成的；而价格上涨引起的货币贬值，是由于市场价格的变化形成的。

通货膨胀引起的货币贬值，是可以通过治理通货膨胀得到制止的；而价格上涨引起的货币贬值，是无法用治理通货膨胀的方式和手段应对的。这也就是说，在现代市场经济的宏观调控中，需要区分通货膨胀引起的货币贬值与价格上涨引起的货币贬值的不同，需要采取不同的方式和手段解决不同的货币贬值的问题，而不能笼统地不对货币贬值的原因加以区分就一样地采取措施。

通货膨胀引起的货币贬值，表示社会经济的运行处于不正常状态；而价格上涨引起的货币贬值，不一定表示社会经济的运行处于不正常状态。无论如何，人们是不喜欢通货膨胀的，因为凡是发生了通货膨胀，都或多或少地要影响人们的正常生活。大的通货膨胀发生，表示社会经济运行处于很不正常的状态；即使是发生轻微的通货膨胀，也可能给人们带来一定的生活惊恐。而价格上涨则是可能表示社会经济的运行处于不正常状态，也可能表示社会经济的运行状态还是比较正常的，不必对其进行大的干预或调整。

3. 通货膨胀的定义

无论是谁，都不可能改变通货膨胀的字面义，因为通货膨胀就是指货币多了，不会再有歧义，不需要将这种很明确很朴素的字面表达转换成高深莫测的只有经济学专业人士才能够听得懂的语言。但是，对于通货膨胀的定义，按照科学定义的规定，又不能只是做字面义的重复，像人就是人、经济就是经济、知识经济就是以知识为基础的经济之类的解释。所以，对于这一"哥德巴赫猜想"级的认识难题，根据我们的研究，为了深刻表述通货膨胀对于社会经济运行的内在影响，并有别于更为普遍发生的价格上涨现象，在某种程度上澄清以往学术界存在的争论对于实践造成的混乱，我们拟从通货膨胀就是指货币多了的具体而准确的描述出发，审慎地将通货膨胀定义为：市场经济运行中出现的非价格因素的货币贬值。

　　这一定义规定的经济形态是市场经济，不是商品经济与自然经济。一般来说，自然经济不存在通货膨胀，因为自然经济几乎不使用货币；商品经济也不太可能出现通货膨胀，因为商品经济的市场关系简单，市场容量小，货币的发行还处于相对简单的阶段。所以，通货膨胀是与市场经济相连的，市场经济对于通货膨胀的产生是经济形态的塑成。是不是市场经济，不由体制决定，中国事实上早已随同世界进入市场经济发展阶段，只是我们的体制一直不符合市场经济要求，所以，我们在非市场经济体制下也会发生通货膨胀，因为非市场经济体制下并非不存在产生通货膨胀的经济形态条件。

　　在我们对通货膨胀的定义中，排除了价格方面的影响。我们给予明确的是，不能颠倒通货膨胀与价格上涨的关系。仅就通货膨胀型的价格上涨而言，也是货币多了在前，价格上涨在后。而除去通货膨胀型的价格上涨之外，其他所有类型的价格上涨，或是说，其他所有的价格上涨的表现，都与通货膨胀无关。通货膨胀是钱多了，是货币的增加超过既定的市场需要，而非通货膨胀型的价格上涨，其引发的货币发行增加，并不意味着投入市场使用的货币过多了，超过市场需要。所以，科学地定义通货膨胀，不能将其混同于价格上涨，必须排除价格因素对于货币发行过多的影响。

　　从本质而不是依表象做出描述，是对作定义的基本要求。我们的定义所揭示的通货膨胀的本质是一种货币贬值，这是达到了应有的认识深度。价格上涨是造成货币贬值的一种原因，汇率下降也是造成货币贬值的一种原因，还有战争的破坏、自然的灾害、矿产的枯竭、古代文物的大量出土等，也都可能造成货币贬值。

而通货膨胀所起到的作用，在本质上也是一种货币贬值。所以，我们将其宾词属性确定为货币贬值，将其种差确定为非价格因素的，将其本质概括为非价格因素的货币贬值。

二、通货膨胀的成因

通货膨胀的结果是引起价格上涨，价格上涨不是通货膨胀的原因。也就是说，天上下雨的结果造成地上有水，而地上有水并不是天上下雨的原因。只有将价格上涨与通货膨胀等同起来，才会不去探讨通货膨胀的成因，而是直接将导致价格上涨的种种原因都统统地列为通货膨胀的原因。出现这种认识逻辑的混乱，也许正是经济学界这么多年来一直未能准确认识通货膨胀的成因的原因。探讨货币在市场经济运行中为什么会非价格因素地增多了，这才是经济学对于通货膨胀成因的研究。以下，我们就此给出三个大的方面的解释。

1. 政权力量的驱使

枪杆子里面不仅出政权，而且出货币。因为有了政权，就有了货币的发行权。市场经济不同于商品经济，早已不是依靠贵金属货币生存的时代。在依靠政权发行货币的时代，国家政权控制金融，行使这种经济权力。在此状态下，政权的稳定与货币的稳定具有很大的相关性，稳定的政权可以对货币的稳定起到直接的支撑作用，不稳定的政权也可能引发货币的不稳定性。如果一个国家发行的货币量符合市场的需求量，不管这时的物价总水平高低，也不管货币的币值如何，这个国家是不存在通货膨胀的。如果出于某种政治方面的需要，一个国家超过市场确定的需要发行大量的货币，并且由此造成货币贬值和引起物价上涨，这就是在政权力量的驱使下形成的通货膨胀。政权力量的驱使就是形成这种通货膨胀的成因。对此而言，如果政权与货币的发行是无关的，那么不论通货膨胀多么严重，也不能将政权力量的驱使列为通货膨胀的成因。但是，遗憾的很，在实际中不存在这种如果，事实就是，政权对于货币的发行具有很大的支配权，现代任何国家的政权都可以出于政治的需要强行迫使货币发行机关超量发行货币，造成既成事实的通货膨胀。所以，在现时代，经济学的分析还不能将政权力量的驱使排除在通货膨胀的成因之外，还不能将政治权力的存在和运作与市场和货币关系的扭曲完全分开，还必须高度重视政治权力对于社会经济生活的直接影响，高度重视政治权力对于货币发行的控制作用。

政权力量的驱使作为一种通货膨胀的成因是明显存在的。在20世纪和21世纪初，对于各个国家来说，历史已经充分地证明，社会经济的运行还无法制止和消除由政权力量的驱使而产生的通货膨胀。

2. 中间效用的堆积

按照劳动成果的有用性确定，效用分为中间效用与终点效用。[①] 中间效用是指只起到为社会生产和生活服务的作用而不提供社会福利的效用。终点效用是指在社会生产和生活中提供社会福利的效用。划分中间效用与终点效用，说明经济学不能笼统地宣称追求效用的最大化，终点效用是提供社会福利的效用，可以一般地讲追求最大化；而中间效用不提供社会福利，所以，只能讲求适度性，不能追求最大化。

---

① 钱津：《劳动效用论》，社会科学文献出版社，2005。

中间效用的存在是人类劳动发展形成社会分工的结果。虽然中间效用不是人们最终生产和生活消费的效用，但其效用的实现表明市场对其存在的承认，创造中间效用的生产者依靠这种为社会需求或者说为市场承认的劳动成果为生。在社会劳动分工体系中，不论是在生产生活消费品的领域，还是在生产生产消费品的领域，中间效用的存在都是有其特定作用的，都是市场选择的自然结果。现在看来，以劳务形式存在的中间效用，既存在于为生产和生活服务的实体经济中，又存在于资本运作的虚拟经济中。具体说，在现代市场经济条件下，创造中间效用的劳动主要包括：商业劳动、银行业劳动、证券业劳动、广告业劳动、律师业劳动、市场中介服务业劳动，等等。

在实体经济领域，大量的中间效用存在是社会经济发展的表现，是复杂的社会劳动分工所需要的，每一类中间效用的存在都有其存在的市场依据。只是，不论是哪一类中间效用的创造，如果不能保持社会劳动分工客观所需要的适度性，那对于国民经济的正常运行来说，都决非幸事。以创造商业效用的商业劳动为例：可以说，商业效用是实体经济领域中典型的中间效用。若要保持国民经济的正常运行，商业效用的创造必须保持适度性，不能任意扩大全社会商业劳动的规模。对于从事商业劳动的个人和企业，可以追求挣更多的钱。对于社会经济整体，却决不能让商业劳动过度发展，必须要求其保持在合理的限量之内。比如，在一个拥有1000万人口的大城市，大型商场和大型超市的设置决不能是越多越好，以50万人口设一家大型商场为限，全市至多可以设置20家大型商场，以20万人口设一家大型超市为限，全市至多可以设置50家大型超市，当然，对此还要求大型商场和大型超市的分布与全市人口的居住分布相匹配，只是绝对不能过量地发展商业，若设置100家大型商场和500家大型超市，那样全市的商业劳动效率必定是十分低下的，超出适度性的大型商场和大型超市的设置必定要造成极大的浪费。这还是横向地讲商业效用的过度，如果纵向看，商业效用过度的危害性更大。市场交换分为经营性交换和非经营性交换，非经营性交换的目的是自己消费，而经营性交换的目的是为了牟利。商业劳动从事的是经营性交换，是通过自身为买家和卖家提供服务而牟利。但如果从生产厂家到最终的消费者，商业劳动不断地增加交换环节，本来一个交换环节就可以完成服务任务，却人为地增加到几个乃至十几个或几十个交换环节，使中间效用的积累量不断增大，那整个社会劳动的效率就会大大降低，整个社会的经济发展就要承受巨大的损失。这种实例是发生过的，在钢材紧缺时期，经营商一遍又一遍地倒手钢材的买卖，倒一次手抬高一次价格，是中间效用过度造成社会虚假繁荣危害的典型现象。

在虚拟经济领域，大量的中间效用产生是以服务资本运作的方式出现的。同实体经济的中间效用一样，虚拟经济的中间效用也有市场承认的存在依据，只不过这一市场是高度发达了的证券化的资本市场。股票市场及各种金融衍生品市场是虚拟经济的中间效用生存与发展的空间。在社会经济发展的现阶段，兴盛这一类的中间效用本是无可非议的，资本收益权的历史存在必然会引领市场走向虚拟经济繁荣的轨道。但需要特别地明白，即使是在资本拜物教鼎盛时期，社会所能容纳的虚拟经济的中间效用也是有限量的，过度地制造虚拟效用的结果肯定将引发社会虚假繁荣之后的灾难。比如，在短期内，暴热炒股使股价飙升，使股票市场的中间效用连续翻番上涨，可能会引起市场全面混乱，还可能引起一个国家的金融崩溃。这就是说，对于虚拟经济领域的中间效用，同样需要稳定地保持适度性，超过了一定的界限，也会造成国民经济运行的重大损失，甚至是比实体经济中间效用过度更

大的更严重的社会损失。对于股票市场来说，允许存在一定程度
的投机，即其中间效用的创造应是有限度的，在限度之内的投机
是市场必要的润滑剂，但是，决不能允许过度的投机，不能允许
这一市场产生的中间效用在短期内暴涨，更不能允许在这一市场
盛行赌博，任由股票市场的赌博性交易引起中间效用急剧增长干
扰整个国民经济的正常运行。①

　　从货币运行的角度讲，社会提供的货币量即货币发行量乘以
货币流通速度，只应与市场终点效用与适度中间效用交易所需货
币的量相符，超过这一客观的市场需求量，就是社会投入使用的
货币量过多，就会出现通货膨胀。这也就是说，若货币的投入支
撑了超过适度性的中间效用创造，不论具体是何中间效用的过多，
都实际是被动地进入了货币投入使用过多的金融运行状态。这就
从一个大的方面说明了为什么原本似乎是日日正常投入市场使用
的货币会出现积累后的不正常的过多，从而揭示市场运行状态演
化的机理。

　　问题就在于，只要中间效用的创造不能保持适度性，形成巨
大的中间效用堆积，必然引起社会投入使用的货币量相对于市场
终点效用与适度中间效用交易所需货币的过多，因而这就在无形
之中造成了通货膨胀。这种通货膨胀是社会劳动配置不当的反应，
是由中间效用的堆积直接造成的，所以，中间效用堆积是深层次
产生通货膨胀的成因，这是在市场交易的表面上看不到的机理。
只有明确划分中间效用与终点效用，明确中间效用的非福利属性，
明确中间效用堆积就是社会劳动中存在的中间效用创造明显地超
过市场应有的适度量，我们才能看到由于中间效用堆积而产生的
货币投入使用量与市场客观的需求量的差别，才能知道为什么无

------

　　① 钱津：《论效用与中间效用》，《学习与探索》，2007（5）。

形之中微观的中间效用过度导致宏观上货币过多了，才能认识到现实之中过多的中间效用堆积是一种引发复杂的通货膨胀的深层成因。

3. 虚拟经济的作用

除去虚拟效用过多引发通货膨胀的作用，我们还应看到，在现时代，虚拟经济市场与实体经济市场的并存，对于通货膨胀有着直接影响。为了叙述的简便，我们用猪肉市场代表实体经济市场，用股票二级市场代表虚拟经济市场。在正常的状态下，人们买猪肉的钱不会去买股票，不管股票能赚多少钱；人们买股票的钱也不会去买猪肉，尽管买股票与买猪肉是使用同一货币。随着社会经济的发展，进入猪肉市场的钱会越来越多，进入股票市场的钱也会越来越多。但是，我们知道，如同中间效用一样，超过适度性就不属于市场客观的需求，社会对货币需求量是否适度的衡量与判断还是按实体经济市场度量的。因此，这就可能出现一种特别值得关注的市场情况：股票二级市场突然萎缩了，人们对购买股票一下子失去兴趣或信心，人们原先买股票的钱在一个短时期内不再买股票了，而是都涌入了猪肉市场，去抢购猪肉，那无疑就要形成进入猪肉市场的货币过多，或者说造成突然的投入猪肉市场的货币大大超过市场客观的需求量，接下来就是猪肉价格全面上涨，货币在猪肉市场一再贬值，而这种情况发生就是最为典型的通货膨胀了。这种通货膨胀的产生是由股票二级市场萎缩引起的，所以，在实体经济与虚拟经济的一体化现实中，股票二级市场的萎缩就是产生这种通货膨胀的成因或者说直接原因。

以上，我们是通过一个特定的角度分析了虚拟经济对于引发通货膨胀的作用。根据 20 世纪以来各国市场发展的历史过程表现，这种情况的出现并不是偶然的，已具有一定的规律性。所以，我们可以将这种情况作为一种引发通货膨胀的重要成因进行概括，并且也要将这种由虚拟经济的作用引发的通货膨胀与其他类型的通货膨胀加以适当的区别。毫无疑问，依此认识可以有效地促使我们更加深入地研究和分析现代市场经济条件下通货膨胀的复杂性及其复杂的应对治理措施。

三、直接性通货膨胀与间接性通货膨胀

根据我们的定义，通货膨胀是市场经济运行中出现的非价格因素的货币贬值。对于通货膨胀的成因，我们也从三个方面进行了分析。我们的认识不同于以往从研究价格上涨的原因中确定通货膨胀成因的做法，而是直接探究货币投入市场使用过多的原因。我们认为，由于通货膨胀成因有别，可以将现实经济生活中出现的通货膨胀划分为直接性通货膨胀与间接性通货膨胀两大类。

1. 直接性通货膨胀

由政权力量的驱使形成的通货膨胀是直接性通货膨胀。直接性通货膨胀的直接成因是简单的，而且可以做出人所共知的直观描述。1948 年中国国民党政府发行金圆券及随后引发的通货膨胀，1992 年、1994 年、1998 年俄罗斯经济改革经历的通货膨胀，都是属于由政权力量的驱使形成的直接性通货膨胀。

金圆券是民国时期中华民国政府在中国内地发行的一种货币。由 1948 年 8 月开始发行，至 1949 年 7 月停止流通，只使用了十个月左右，贬值却超过二万倍。金圆券发行的初时，政府以行政手段强迫民间以黄金、外币兑换。由于没有严守发行限额，造成的恶性通胀令民间经济陷入混乱。金圆券的快速贬值及造成的恶性通胀，源自政府的财政及货币政策。国民党政府无视于财力的限制，继续维持战事。政府赤字以印钞票支付，造成急剧的通胀。政府既不能自控通货的发行，只试图以违反市场规律的行政命令去维持物价和币值，最终引致金融混乱，市场崩溃。受金圆券风暴影响最大的，是城市内的小资产阶级。他们没有大资本家的财力和资源去保护自己仅有的财产，亦不如乡间农民或无产阶级的无产可贬；在金圆券发行初期或被迫、或出于信任政府，将累积所得的财产换成金圆券。在恶性通胀中所承受的损失最大，部分人因而变成一无所有。国民党政府虽然因金圆券发行，搜得民间的数亿美元金银外汇，却失去了国内本来最应倾向他们的阶层：城市人民的信任与支持。1948 年中，国民党在军事上已在节节失利。金圆券风暴令国民党在半壁江山内仅余的民心、士气亦丧失殆尽，是造成整个政权迅速崩溃的原因之一。①

"在 20 世纪 90 年代，卢布曾大幅贬值，最严重的时期从最初 1 美元兑换 0.67 卢布贬到了 1 美元兑换 4500 卢布。在当时，很多俄罗斯人习惯于把卢布换成美元，藏在家里。"②

1992 年初，俄罗斯政府中的"改革派"强力推行"休克疗法"，然而，由此实施了两年的紧缩性财政政策，却引发了经济大萧条和恶性通货膨胀，直至到 1998 年又发生了大规模的金融危机，这一阶段俄罗斯的国内生产总值增长率出现了大幅度的震荡。很多俄罗斯人一想起 1994 年间的恶性通货膨胀，至今还心有余悸。当年，有一位中国商人在莫斯科开办了一家宾馆，主要为在俄罗斯经商的中国人提供餐饮和住宿，在其经营中，他始终坚持以美元计账，不用卢布，所以躲过了俄罗斯严重的通货膨胀造成卢布大贬值这一关。但像他这样幸运的中国人在俄罗斯是很少的，

---

① 百度百科：《金圆券》，载 http：//baike. baidu. com。
② 苏钰：《俄卢布越来越值钱》，《世界新闻报》，2007 年 8 月 22 日。

那时绝大部分在俄罗斯经商的中国人也是同俄罗斯人一样，拿着贬值后的卢布如同废纸，欲哭无泪，受到极大的创伤。

2. 间接性通货膨胀

由中间效用堆积或由虚拟经济作用引发的通货膨胀是间接性通货膨胀。间接性通货膨胀的成因比直接性通货膨胀的成因要复杂得多，是由市场因素造成的。在现代市场经济中，可能出现的通货膨胀一般是这种由市场因素造成的间接性通货膨胀，我们需要严密防止或有效治理的也是间接性通货膨胀。

中间效用堆积引发的间接性通货膨胀是现代市场经济中的痼疾。自社会劳动分工进入 20 世纪之后，中间效用的创造就一直是增长的，这带来促进社会经济发展的福音，也加剧了引发通货膨胀因素的活跃气氛。对此，关键是要确定中间效用不提供社会福利的性质，确定中间效用的创造不能超过适度性。

商业劳动就是创造中间效用的劳动。商业可以为人们购物带来方便，却并不能增加人们的福利。毕竟，人们去商场是为了买物品，不是去最终享受商业服务，或者说，商场对消费者的服务态度再好，消费者买不到自己称心如意的商品，那也是没有意义的。所以，商业劳动成果的效用无疑是中间效用。

银行业劳动也是创造中间效用的劳动。在市场经济的发展中，银行业逐步成为国民经济的调控中枢。社会赋予了银行业重要而艰巨的经济使命，使其成为社会各界必须依靠的中坚力量。但是，不管银行业多么重要，银行业为社会提供的服务统统都是中间效用。也许，在现代生活中，我们之间的每一个人都离不开银行提供的服务，只是，无论是谁，也不能将银行服务作为最终效用享受，即银行提供的服务无论多么好也不能增加我们任何一个人的福利，任何人都不可能将银行作为生产或生活消费的终点。

证券业的劳动是虚拟经济领域的劳动。在虚拟经济领域中，所有的劳动创造的效用都是中间效用，即都是不能增加社会福利的效用。这一领域的劳动是依据资本收益权而存在的，是人类劳动发展在特定阶段上的表现，这些劳动能够得到市场的承认，有其存在的作用，只是不能为社会最终消费提供福利。

广告业劳动主要是为生产消费提供中间效用。除去公益广告、个人广告，广告业的服务对象是企业，企业通过广告可以更好地销售自己的产品。而事实上，广告只是能促进产品销售，人们最终需要消费的还是广告宣传的产品，并不是广告。所以，在现代市场经济中，广告业的服务也只能列为中间效用。

对于形成间接性通货膨胀来说，中间效用的堆积是重要的成因之一。其造成的后果就是使货币增多超过市场需求，但其不是直接引发货币增多的，而是因为增加了过多的创造中间效用的劳动间接地引发货币量相对于客观的市场需求变成膨胀的。比如：1亿吨钢材倒卖10次，这其中只有一次是适度性的中间效用创造，其余9次是超过适度性的中间效用堆积，社会对这9次的中间效用创造同样是以货币支付报酬的，而1亿吨钢材并没有任何的变化，只是社会为这1亿吨钢材投入的货币无形之中增多了。这样的例子很多，不用再作具体的分析。人们可以是什么赚钱干什么，但社会客观上却不能允许中间效用的创造超过适度性。市场的自发可能形成中间效用的堆积，并由此引发间接性通货膨胀，而社会的宏观经济管理必须防范和治理这种引发通货膨胀的中间效用堆积。

虚拟经济作用引发的间接性通货膨胀也是破坏市场正常运行的灾星。如果一个国家没有证券市场，那就不存在这一类间接性通货膨胀。如果一个国家设有证券市场，而且证券市场还比较发达，那就要特别地防范这一类间接性通货膨胀的发生。在实体经济与虚拟经济并存的时代，间接性通货膨胀的威胁是不可忽视的，这就告诫我们，不仅社会经济的宏观管理需要照顾好实体经济市场的稳定，同时更要保持虚拟经济市场的稳定，不可对证券市场的起伏波动掉以轻心。就一个比较庞大的股票市场来说，一旦发生崩市，或是大跌，那就是整个国民经济的灾难，而不仅仅是股票市场的灾难。甚至可以说，只要股市上的钱大量地回流到实体经济领域，那就必然引发或大或小间接性通货膨胀。就此而言，保护好股市，也就是防止发生通货膨胀。在中国工业化腾飞阶段，股票市场的市值已达到 30 万亿以上，因此，维护好这一市场的稳定，是十分重要的。在未来十几年的国民经济快速发展中，中国的股民应对股市抱有充分的信心，应为股市的腾飞做出贡献，应严密地防止发生股市对实体经济市场的强烈冲击。

四、通货膨胀的良性与恶性

不论是直接性通货膨胀，还是间接性通货膨胀，都有良性与恶性的区分。并不是说，直接性通货膨胀都是恶性的通货膨胀，间接性通货膨胀都是良性的通货膨胀；也并不是说，间接性通货膨胀都是恶性的通货膨胀，直接性通货膨胀都是良性的通货膨胀。什么是良性的通货膨胀，什么是恶性的通货膨胀，这需要我们再进行细致的探讨与区分。

1. 良性通货膨胀

必须说明的是，对通货膨胀做良性与恶性的区分，不同于严重还是不严重的量度的区分，而是指对国民经济运行影响的性质的区分，所以，不必画一条线，只需确定绝对的衡量标准与相对的衡量标准。其标准是可以商讨的，在此只是讲我们的认识，供同行参考。我们认为：对于良性的通货膨胀，绝对的衡量标准是通货膨胀率不超过平均工资的增长率，相对的衡量标准是通货膨胀还能够为国民所接受。就绝对的衡量标准而言，首先要确定通货膨胀率。现在，人们一般是将 GDP 缩减指数作为通货膨胀率，但这是将物价上涨与通货膨胀等同的界定，并不能准确反映通货膨胀率。根据我们对通货膨胀做出的定义，其通货膨胀率应是货币贬值率减去价格因素的贬值率。① 假如，货币贬值率是 10%，减去价格因素的贬值率7%，那通货膨胀率就应是 3%。如果平均工资的增长率是 12%，而通货膨胀率是 3%，大大低于平均工资的增长率，那此时存在的通货膨胀，按照绝对的衡量标准，就可以说是良性的通货膨胀。至于相对的衡量标准，那就是看人们的心理承受力了。如果通货膨胀率大大低于平均工资的增长率，那当然是人们可以接受的，不存在引起社会不稳定的可能，所以，按照相对的衡量标准，此时存在的通货膨胀也可以说是良性的通货膨胀。这就是关于良性的通货膨胀的绝对的衡量标准与相对的衡量标准的统一。

事实上，在市场经济的运行中，很难避免不出现一点点的货币投入使用过多，也就是说，很难避免不出现一点点的通货膨胀。而在这种正常运行状态下出现的通货膨胀，不论是直接性通货膨胀，还是间接性通货膨胀，基本上都属于良性的通货膨胀。有一点点良性的通货膨胀并不可怕，因为社会经济是动态运行的，这一点点的货币贬值是可以由经济的良好增长所消化的。当然，我们也不能纵容良性的通货膨胀自行发展，不能任由其发展成恶性的通货膨胀。在动态的经济运行中，我们必须随时保持对于良性

① 这是指一般情况，如果还有其他贬值因素，那也要减去。

的通货膨胀的积极治理的姿态，不使其造成的影响慢慢扩大。

在经济运行中只存在良性的通货膨胀的状态下，如果发生市场价格关系的激烈调整，形成很强的价格上涨趋势，那么，由此引发的货币增加发行和货币贬值都属于市场机制的正常作用的发挥，其货币的增加是市场的需要，其货币的贬值只是价格调整要求，所有这些表现都与通货膨胀是无关的。2004 年，中国进入工业化腾飞阶段之后，经过市场机制的作用，于 2007 年开始出现比较激烈的价格调整，对此，我们可以采取各种方式和手段应对，只是无须将其与通货膨胀相提并论。可以说，在这历史性的腾飞中，中国经济的运行只出现了激烈的价格调整，并未引发恶性的通货膨胀。

2. 恶性通货膨胀

按照我们的绝对衡量标准，如果通货膨胀率超过平均工资增长率，那时的通货膨胀就属于恶性的通货膨胀了。而就相对衡量标准讲，通货膨胀率超过平均工资增长率的通货膨胀也是国民难以承受的，也要被民众自发地认定为恶性的通货膨胀。

以上我们讲的 1948 年中国国民党政府发行金圆券引发的通货膨胀和俄罗斯 90 年代经济改革经历的通货膨胀，都是恶性的通货膨胀。那种恐怖的历史是人们不堪回首的。

政权的力量是极大的。在现代市场经济中，如果政权的力量强制性地要贬值货币，大幅度地贬值本国货币，以达到某种目的，造成通货膨胀，那不是做不到的。而以这种强制方式实现的通货膨胀，几乎不会有良性的通货膨胀，可以说百分之百地都是令人恐怖的恶性的通货膨胀。

人类需要民主，不仅仅是一种政治上的要求，而且也是发动民众制止这种直接性通货膨胀的需要。

在现时代，人们需要得到安宁的生活，人们不喜欢受到严重的货币贬值的惊吓，反对恶性的通货膨胀人人有责。

为了制止恶性的通货膨胀，任何一个国家都不能允许中间效用过度地堆积，因为过度地堆积中间效用，尤其是包括虚拟效用的无限度扩展，必将会在无形之中不可避免地引发恶性的通货膨胀。

在虚拟经济领域中，如果出现大的市场崩溃，必然造成对实体经济极大的冲击，引发恶性的通货膨胀。

长久以来，人们总是焦虑地说，通货膨胀预期比通货膨胀更可怕，指的就是对恶性通货膨胀的预期和恶性的通货膨胀。

恶性的通货膨胀对于任何国家都是一种灾难。在过去的 20 世纪，恶性的通货膨胀始终像恶魔一般不断地在世界各地现身。在新的 21 世纪，人类的理性一定要战胜这种恶魔，通过科学地完善宏观经济管理，逐渐地消灭恶性的通货膨胀。

第六章　理性选择

如果达不到 21 世纪的理性高度，我们可能还要继续将价格上涨与通货膨胀等同，而不能重新深刻地认识通货膨胀的本质。如果达不到 21 世纪的理性高度，我们也难以理解中国已经进入的工业化腾飞阶段，难以很好地应对工业化腾飞的挑战。就今日我们肩负的重任而言，没有理性不行，有理性而停留在 20 世纪也不行，必须要达到 21 世纪的理性高度，我们才能追寻认识的彼岸，在工业化腾飞之中做出理性的选择。

一、众志成城

进入高科技引领的现代社会，我们无法仅仅依靠感性生存，而必须具备与时代发展相同步的理性能力。理性的经验对于我们是极其重要的，但是我们还没有经历完整的工业化过程，缺乏这方面的珍贵经验，在这一点上，我们只能学习别的国家的经验。学习也是需要理性地学习，绝对不能只学一些皮毛，而学不到真经。我们现在需要放眼世界，努力攀登理性的高峰，众志成城，为实现中国的工业化而付出辛勤的劳作和智慧。

1. 要确定工业化的进程中存在腾飞阶段

遗憾的是，直到 2008 年，关于中国的工业化腾飞阶段，学者们好像还没有记者们的关心程度高。翻阅了大量的资料，了解到日本、韩国等国家的工业化腾飞过程，许多新闻界的人士自然会想到中国的工业化腾飞问题，只是，在中国学界的话语中，还几乎没有明确地谈到腾飞的，大多情况下，是只讲工业化，不涉及腾飞还是不腾飞。就目前讲，这种淡漠腾飞的情况在中国经济界是需要改变的。

我们首先需要理性地确定，从一般规律讲，任何一个国家的工业化过程中，都会出现一个腾飞阶段，这个阶段的基本特征就是持续的高增长。确定这一点的意义在于，我们由此也要想到中国同样会遇到腾飞阶段的问题。如果各个国家的工业化过程中，都不存在这样一个腾飞阶段，那中国的工业化过程，也不会强求一个腾飞阶段。但事实上，每一个国家实现工业化，都要经历一个腾飞阶段，因而，我们国家的工业化也不会没有这个腾飞阶段。确定一般性是很重要的，这是我们认识事物的先导，虽然我们要相信自己的实践和研究，但我们也不能处处从头去摸索。确定腾飞是工业化的一般规律体现，各个国家都有此经历，我们就能够更好地捕捉中国工业化腾飞的信息，准确地把握这一令人振奋的改变中国经济发展历史的腾飞阶段的到来。

2. 要确定中国已经进入工业化腾飞阶段

到 2008 年，中国已经是进入工业化腾飞阶段的第 5 年了。现在的问题是，在中国经济界，是否认识到了中国的工业化已经进入腾飞阶段。如果已经认识到中国的工业化进入了腾飞阶段，那对于这 5 年的经济高速增长，就不会感到太高太快，就不会总想回到一般的增长速度中去，就会积极地想办法、想对策，应对腾飞的挑战。而要是还没有认识到中国的工业化已经进入了腾飞阶段，那对于这 5 年的经济高速增长，就会感到偏高偏快，就会老是想让增长速度慢下来，像往常一样，四平八稳地过日子。由此而言，在事实上中国已经进入工业化腾飞阶段 5 年了的今天，能不能认识到中国的工业化已经进入了腾飞阶段还是一个很重要的现实问题。解决这个问题，我们才能做到认识与实践相统一，才能比较自觉地应对工业化的腾飞。否则，我们就还生活在一片迷惘之中，有点儿骑驴找驴的味道。关于这一点，似乎不必等着外国的著名经济学家为我们指出来，告诉我们中国已经腾飞了。只要是站在 21 世纪的理性高度，我们所有的中国人一定是能够感受到中国的工业化腾飞的。我们在 5 年之后讲这样的话，也已是很迟钝了，我们不能再迟钝下去了。在 2008 年，在这个不论是对改革还是对开放都具有重要意义的年份，我们国家应该是从上到下都需要明确，中国已经在 2004 年就进入了工业化腾飞阶段，我们现在需要以腾飞的姿态伫立于世界，更健康地发展，去自觉地实现工业化。

3. 要相信工业化腾飞的力量

工业化腾飞阶段不同于其他时期，有一种特别强大的推进力量，这种力量可以支撑一个国家持续十几年高增长。这已经是由工业化国家的历史所证明的。我们需要相信工业化腾飞的力量，在这一前提下，我们可以甩开膀子干。这与当年的大跃进是截然不同的。那时是胡折腾，靠人海战术，一年才折腾了 1000 万吨钢。现在是腾飞，是依靠高科技的力量，已经可以年产钢铁 4 亿多吨了，真是不可同日而语。持续的高增长，在其他国家能够实现，在中国也是能够实现的，自 2004 年以来，中国一直是高增长，在今后的十几年中，也是能够继续在高位运行的。我们只有相信这一点，才能走出过去的阴影，迈开前所未有的发展步伐。在改革前和改革后的一段时间里，中国的经济始终是相当贫困的，正是因此，我们已经养成了一种不太好的习惯，那就是胆子太小、闯劲不足。以我们如此的传统去应对工业化腾飞阶段，恐怕是不适合的。我们需要从重新树立信心开始，跟着工业化腾飞的脚步，大胆地向前走，去升华我们自己，去追赶发达国家。

4. 要建立五个大战略发展区

中国现在还有许多的欠发达地区，在工业化腾飞阶段，需要将这些欠发达地区的市场与已经相对发达地区的市场联结起来。这样，才能更有效地支持腾飞。根据中国社会科学院经济研究所"经济体制改革30年研究"课题组的探讨，为实现中国统一的现代市场体系的建设，在全国范围内，除去边疆少数民族地区，可建五个大战略发展区。

珠江三角洲战略发展区：

以珠江三角洲经济发达地区为基点，沿珠江水系北上，连接云南、贵州、四川、湖南、江西等省，构成经济发展的大战略区。

长江三角洲战略发展区：

以长江三角洲经济发达地区为基点，延伸到中部地区，连接安徽、湖北、河南等省，连同山东、福建构成东部地区带动中部地区经济发展的大战略区。

陕甘青战略发展区：

以西安、兰州、西宁等经济相对发达的城市为基点，构成陕西、甘肃、青海三省经济一体化的西北大战略发展区。

京津廊战略发展区：

以北京、天津、廊坊等经济发达和相对发达地区为基点，连接河北、山西两省，构成以首都经济为中心的大战略发展区。

东三省战略发展区：

以沈阳、长春、哈尔滨等经济相对发达的城市为基点，构成辽宁、吉林、黑龙江三省经济一体化的东北大战略发展区。

二、承受涨价

中国工业化的腾飞，是我们多少年来望眼欲穿的，是贫穷的中国终于开始走向富强的起步。但是，在我们为此而欢呼的同时，又必须理性地承认，实现腾飞，我们必须承受较为激烈涨价的强大压力。

对于腾飞阶段的涨价，需要我们有清醒的认识。

1. 涨价不等于通货膨胀

最基本的态度是，不要将腾飞的涨价与通货膨胀混为一谈，不要用通货膨胀预期的恐怖来宣扬腾飞阶段涨价的预期效果。通货膨胀是银行里的钱放出来的多了，这些多出来的钱会逼迫商品或劳务涨价，即先是钱多，后是涨价。而工业化腾飞中，则正相反，是先有涨价，后才使银行发出更多的钱。对这两种不同的情况要搞清楚，搞清楚了，就不会再讲工业化腾飞的涨价就是通货膨胀了。将涨价与通货膨胀等同起来，其实含义是说涨价不好，因为人们一直是将通货膨胀当作一种洪水猛兽，是灾难。但是，在我们已经走过的 4 年腾飞的日子里，这种灾难并没有发生，我们都生活得好好的，而且是从来都没有这么好，有的只是涨价了，而且工资也涨了，那我们为什么一定要用通货膨胀这种恐怖来吓唬自己呢？实在是太没有必要了。

从现代经济学研究的角度讲，今后更要加强对通货膨胀的理论研究，要能基本上解决这一理论难题。如果对通货膨胀的认识在理论上是很混乱的，那也就难怪在实践中人们要将涨价等同于通货膨胀了。用通货膨胀来解释中国工业化腾飞阶段的价格上涨是不对的，因为我们是在货币没有多起来的时候就遭遇了涨价，如果对这一点不做确定，那可能就要让通货膨胀为我们的涨价背黑锅了。而我们也可能弃真正的涨价原因于不顾，在认识的歧路上一味地走下去，那结果将必定是我们陷入盲目。

2. 涨价是市场客观要求

我们要知道，在工业化腾飞阶段的初期，出现激烈的涨价，是市场客观的要求。中国已经走出了一概由政府制定价格的历史，无论如何，这在今天看来，是一种社会经济发展中的进步。在实现了主要由市场决定价格的体制机制后，我们应该比以往任何时候都更加相信市场和依赖市场，而不能再退回去，再对市场横加指责或抱怨。要让市场发挥基础性作用，并不是说一说就过去的。工业化腾飞的涨价就是市场发挥了基础性作用，这时，就看我们是不是真的让市场发挥基础性作用了。如果是，那我们就要尊重这一阶段上的涨价，至少也不能抱怨。由于中国市场价格长期扭曲，所以一旦进入市场经济的价格机制，就可能会有一个爆发和延续爆发，形成大的涨价趋势。对此，如果说过去我们都能容忍长期的价格扭曲，那我们现在也应该同样需要忍受价格的上涨。

在市场经济中，我们不能反叛客观的要求，我们不能再延续过去扭曲价格的束缚。我们要对得起工业化的腾飞，我们要以承受涨价的具体行动来支持工业化的腾飞。据报道：当原油价格为100美元/桶时，中石化集团每销售1吨汽油的亏损额高达2000元人民币，而销售柴油的亏损比汽油更高。[1] 这表明，中国的市场还要进一步发挥基础性作用，不能还走老路子。在适当的时候，燃油还需上调价格，不能因涨价的压力大就不敢动价格了。我们要尊重市场的作用，尊重市场决定的客观要求。

3. 涨价将改变比价关系

为什么要涨价，这是必须搞清楚的问题。市场本身不能回答，但作为市场的主体，作为进入市场的研究者，则必须回答这一问题。从工业化腾飞后的种种迹象看，我们现在遇到的涨价，其作用是要改变市场的比价关系，使之形成比较合理的比价关系。但市场上这种作用的表现，不是一对一的改变，而是转着圈地变，而且是变来变去，不断地变，越变物价越高，最后是在高位上稳定下来。这就是说，猪肉因为价格低而涨价，猪肉价格高了，就意味着牛肉、羊肉的价格又相对低了，于是，牛肉、羊肉也要涨价，而牛肉、羊肉涨价了，牛奶、粮食、食用油又需要涨价，就这样，各种商品的价格只能是一路地涨下去。

据2008年3月1日报道：北京市民消费量最大的燕京普通听啤每听将由1.92元上涨至2.15元。记者昨天从燕京啤酒集团获悉，这是燕京啤酒继去年年底上调10度清爽玻璃瓶装啤酒价格之后，再次上调其他品种价格，此次涨价涉及其6种易拉罐产品，上涨幅度将在5%以上。对此，燕京啤酒方面解释说，涨价是迫于成本压力；啤酒的主要原料大麦进口价格已从之前的每吨170美元涨到每吨500美元。[2]

我们应该做好思想准备，在工业化腾飞阶段，这种连锁反应

---

① 陈其珏：《倒挂严重 中石化每吨汽油销售亏两千》，《上海证券报》，2008年3月10日。

② 北青网：《燕京听啤涨价5%》，载 http://www.ynet.com。

的涨价会持续下去的。原因就在于市场调整比价关系是一个长期的过程，我们要承受的压力就是体现在这一过程之中，比起腾飞之前的涨价，目前及今后的涨价会在政府的有力控制之中，所以，疯长的情况不会发生，但这一长期的过程是无法避免的。最终，我们将依靠市场涨价调整的基础性作用将中国商品和劳务的比价关系理顺。

4. 涨价性质是价格调整

在 2007 年，我们遇到了激烈的市场价格的波动，一些商品和劳务的价格上涨较快，使我们深切地感受到过去长期扭曲的比价关系在市场的作用下进行调整的艰难。进入 2008 年，价格上涨的趋势并没有减弱。

《北京青年报》记者 2008 年 2 月 27 日报道：2008 年 1 月份企业商品价格较上月上涨 1.1%，但比去年同期大幅上涨 8.4%。昨天，央行公布了今年 1 月份中国企业商品价格变动情况。企业商品价格的上扬将最终传导至消费领域，加大未来的通胀压。据悉，2008 年 1 月份屠宰及肉类加工产品价格较上月上涨 4%，较上年同期上涨 56.8%。其中猪、牛、羊肉价格分别较上月上涨 4%、7% 和 5.3%，较上年同期分别上涨 68.2%、50.1% 和 40.8%。国家统计局 19 日公布数据显示，1 月居民消费价格指数（CPI）同比上涨 7.1%，再度创下逾 11 年来新高。而在前一天，在食品价格的推动下，1 月份工业品出厂价格较上年同期增长 6.1%，增速快于 2007 年 12 月的 5.4%，创三年来新高。企业商品价格与 CPI 和工业品出厂价格一致走高，说明通胀压力不可小视。①

2008 年的"三八"节刚过，国家的统计数据显示：2 月份，

① 程婕：《企业商品价格同比上涨 8.4%》，《北京青年报》，2008 年 2 月 27 日。

工业品出厂价格同比上涨6.6%，原材料、燃料、动力购进价格上涨9.7%。在工业品出厂价格中，生产资料出厂价格同比上涨7.2%。其中，采掘工业上涨25.3%，原料工业上涨8.8%，加工工业上涨4.1%。生活资料出厂价格同比上涨4.9%。其中，食品类价格上涨11.0%，衣着类上涨1.8%，一般日用品类上涨3.4%，耐用消费品类下降0.6%。分品种看：原油出厂价格同比上涨37.5%。成品油中的汽油、柴油和煤油出厂价格分别上涨8.7%、9.8%和11.4%。化工产品价格类中，聚苯乙烯价格同比下降1.4%，顺丁橡胶上涨20.3%，涤纶长丝上涨1.6%。煤炭开采和洗选业出厂价格同比上涨18.5%。其中，原煤出厂价格上涨19.4%。黑色金属冶炼及压延加工业出厂价格同比上涨17.9%。其中，普通大型钢材价格上涨18.9%，普通中型钢材上涨29.6%，普通小型钢材上涨27.8%，线材上涨25.6%，中厚钢板上涨18.5%。有色金属冶炼及压延加工业出厂价格同比上涨6.6%。其中，铜上涨6.3%，铅上涨30.9%，铝下降0.3%，锌下降24.9%。此外，在原材料、燃料、动力购进价格中，燃料动力类、黑色金属材料类、有色金属材料类和化工原料类购进价格，同比分别上涨17.7%、15.0%、6.8%和4.2%。1—2月份累计，工业品出厂价格同比上涨6.4%，原材料、燃料、动力购进价格上涨9.3%。[①]

　　尽管物价上涨得很快，但从工业化腾飞的特殊时期来认识，这种持续上涨的价格还都是有一定依据的，因此，包括继续涨下去的趋势，我们认为还都属于价格调整的性质，在政府的有力控制下，不会影响国民经济又好又快发展。既然一只蝴蝶能够煽动整个的地球，那就不用说石油价格突破100美元的威力了。上游

----

　　① 国家统计网：《2月份全国工业品出厂价格同比上涨6.6%》，载 http://news. qq. com。

的产品涨价了，让下游的产品不涨价，似乎是不可能的，持续的涨价不仅考验企业的承受力和应变力，而且还极大地折磨着我们每一个人的耐心和理性。我们不要被压垮，我们要承受住这种持续涨价的压力。在经受严峻的考验之后，我们必将以市场价格的调整到位迎来中国工业化的圆满实现。

三、减少代价

实现工业化腾飞，必然需要付出一定的代价。我们的宗旨是：不论多么惨烈，需要付出的代价也是不得不付出的；只是，能够减少的代价，更必须减下来；历史将永远记住工业化腾飞中的各个方面付出的沉重代价。

1. 手的代价

劳动需要有一双手，一双灵巧的手。但是，我们看到，在中国经济最发达的珠江三角洲和长江三角洲地区，有的劳动者已经失去了自己的手，永远地失去了。他们的手被机器吃了，成了生产的代价，中国工业化的代价。嘈杂的工作环境，没有任何防范设施的机器让他们失去了自己的手，没有抱怨，只有乞求，乞求企业能给他们一些赔偿，仅此而已。我们不必去统计到底有多少人失去了手，在我们看到工业化腾飞的时候，那肯定是一个令人吃惊的数字。缺乏必要的劳动保护，因为企业主不想或是不能为此而多付出，那接下来的工伤事故就不会少了。还有一些人，不是失去手，而是失去手指，那也是十分痛苦的呀！据说，在中国南方的一个城市，那里的断指再植技术是世界第一，这个第一的背后不知有多少的辛酸泪。但能接上，就好。历史是不能假设的，这些手与手指的失去，已经是历史的事实，以后工业化的实现，就不会再有劳动的手失去。只是，已经失去的手是不可挽回的，是需要我们牢牢地记住失去它们的历史代价。

2. 生命的代价

不仅是手和手指，在工业化腾飞之前和工业化腾飞之后，我们还痛苦地失去了许多的生命，许多在生产事故中付出生命的劳动者。其中，最多的是煤矿工人。每年都有几千人在煤炭生产中丧生，这是更为悲惨的代价。在我们为 GDP 的快速增长而兴奋和快乐时，有多少人能够想起那每年都失去的几千条生命。在战争年代，失去生命并不为奇，因为那是人类极为疯狂的时刻，而在和平年代，还要不断地失去成千上万的生命，就应该知道得来工业化的腾飞是多么的不容易，是多么的需要珍惜。现在，几乎每天都有生产事故的报道，让人不寒而栗。而我们能做的只是些微减少一些事故伤亡，并不能制止一切事故的发生。这也是工业化的代价。想一想，在农业经济时代，哪有这么多的工伤事故，哪有这么多的死亡，这就像没有汽车的年代，没有那么多的交通事故一样。而我们并不能阻止这一切的发生，我们还一直在继续工业化，继续制造汽车。这是失去生命的人的悲剧，这也是社会进步的代价。这种代价是巨大的，因为没有什么比生命更可贵。遥望工业化的实现，我们只能努力减少人身伤亡事故的发生，只能默默地向所有的生命代价志哀。2008 年 1 月 3 日，新华社报道："国家安全生产监督管理总局 2 日公布的调度快报显示，2007 年全国发生各类事故 504952 起，死亡 98340 人，同比分别下降 19.5% 和 12.9%。"①

---

①　新华社：《全国事故死亡人数去年同比降 12.9%》，《北京青年报》，2008 年 1 月 3 日。

3. 职业病的代价

即使没有失去生命，在工业化的腾飞中，我们也承受着巨大的健康代价，那同样是生命时间的付出。我们的工业化，已经使很多的人患上了职业病，而这其中，有一些也是能够避免而没有避免的。这是非常惨痛的教训，是每一个将来能够享受工业化成果的人都必须牢牢记住的。我们付出的代价似乎有些太大了，据2007年5月的报道：由于社会"忽视"，在职业病防治中存在有法不依、执法不严、违法不究等问题，致使《职业病防治法》的落实情况不尽如人意。广东报告职业病发病总数近四年持续递升，20世纪90年代以来新发现15种职业中毒，仅去年就占3种，其中有机溶剂中毒已成主要问题，一些远期效应的职业病危害的后果正在逐步暴露。一个被广泛引用的数据是，我国接触职业病危害因素的总人数超过2亿。其中，农村进城务工人员约1亿，还有留在乡镇企业从事工业劳动的1亿多农村劳动力。卫生部卫生监督局副局长苏志认为，由于劳动关系不固定，农民工流动性大，接触职业病危害的情况十分复杂，其健康影响难以准确估计。我国各类企业中，中小企业占90%以上，吸纳了大量劳动力，特别是农村劳动力，因此，职业病危害突出反映在中小企业，特别是一些个体私营企业。据卫生部于20世纪90年代组织的乡镇工业企业职业病危害调查结果，83%的乡镇工业企业存在不同程度的职业病危害，34%的乡镇企业劳动者接触尘、毒等有害作业，职业病患病率4.37%，可疑职业病患病率达11.41%。[1]

如果情况真的这么严重，那我们就是在用2亿人的健康来换取工业化的进步。

---

① 张冉燃：《职业病威胁我国两亿人》，《瞭望新闻周刊》，2007（19）。

4. 生态环境的代价

还有我们为工业化付出的生态环境代价。北京人总是抱怨北京没有好天气，每天的天气预报最好时是讲空气质量为良。但相比北京，其他很多地方的生态环境更差。工业化对环境是极具摧毁力的，只要一个大项目上马，那就要影响生态环境一大片。厦门、广州等地的化工项目上马受到当地居民抵制，根本原因就是其破坏生态环境。到现在，我们几乎所有的河流与湖泊都被不同程度地污染或受到污染的威胁，我们有的城市的污染是名列世界前茅的。与日本、韩国相比，我们的工业化密度还远远不够，我们还要继续工业化腾飞，但是，我们却不能再继续高污染下去，而必须断然地节能减排，大力保护生态环境。中国的工业化腾飞需要付出一定的代价，包括要付出一定的生态环境方面的代价，只是，我们的代价不能过大，我们不能以过高的生态环境的损失为代价实现工业化。在今后腾飞的十几年中，我们的目标只能是以最小的生态环境损失，取得最大最快的经济发展。这在高科技的时代，并不是做不到的，而是我们愿不愿意做的问题。理性的选择是我们的唯一出路，如果我们不想做千古罪人，那在腾飞的时代，只能是将保护生态环境的工作越做越好。

5. 农民进城的代价

中国工业化的腾飞，在社会演化和推进的意义上，最大的代价付出就是农民进城。工业化的含义就是要使农民进入工业领域，使农业经济国家变成工业经济国家。为实现工业化，中国的农民必须大量地进城，这些进城的农民为此要付出一代人或两代人的代价。没有人按城里人的居住和生活条件接待这些进城的农民。他们是以极低的门槛进入城市的，他们没有受过高等教育，只能从事繁重的体力劳动，只能接受最低的工资待遇。在进城的农民之间，也有成功者，不过那是极少数。数以亿计的农民工始终生活在城市的边缘，他们必须忍受工作的辛苦和生活的煎熬。最重要的是，他们中的很多人失去了在农村生活的尊严和文化，而又没有得到城市生活的起码尊严，没有能够融入城市文化之中。没有必要的尊严和文化认同，这是所有进城农民最痛苦的事情。有些人不理解，为什么有的农民工干了几年就回家了，搞得一些地方闹起了民工荒；为什么绝大多数的农民工春节一定要回家，把自己辛辛苦苦挣的钱用在价格不菲的路费上，一路劳顿不说，农村的春节就那么好过吗？我们说，很显然，从城市又回到农村的农民是为了失去的尊严，他们在家乡有自己的尊严，父老乡亲尊重他们，亲朋子女尊重他们，但在城市他们仅仅是农民工，生活条件极差，工资待遇最低，甚至在公共汽车上都受到城里人的歧视。而一定要回家过春节的农民工是为了失去的文化，他们为了赚得比种地更多一些钱，已经一年未能在家侍奉父母了，已经一年未能与子女团聚了，他们是抛开了父母子女去城市打工的，如果在春节的时候，他们还不能向父母表示一下孝心，还不能给子女以亲情，那么，在他们的文化观念中，那简直就不是人了！中国悠久的文化传统是在农村传承下来的，中国的城市普及才有多少年，如果说城市人比农村人更有文化，谁能相信！一个过春节，在农村，蕴涵着多少文化生活的理念，这可不是只盼求看看电视春节晚会的那些看不起农村人的城市人所能理解的。讲到这里，我们应该明白，1亿农民的进城是付出了多么大的社会代价。其实，在城市的大学里，现在只有三种人：农民的儿子、农民的孙子和农民的重孙子。这些人都是农民生、农民养大的，正在从事高等教育或者接受高等教育，是社会的精英和宠儿，应该比其他任何人都更加懂得，已经数量过亿并且还在继续增加的进城农民，为中国的工业化实现而付出的巨大的物质和精神的代价。还要等上一代人或两代人之后，现在这些进城农民的后代才能像现在的城市人一样成为城市人。

四、创新思想

理性地迎接中国工业化的腾飞，从根本上说，需要我们创新思想。如果我们还是一味地用传统的方式发展经济，将自己的思想停留在 19 世纪，不懂得市场经济不同于商品经济，不懂得与时俱进应该起自何时以及中国工业化的经济全球化大背景，等等，那肯定是非理性而不是理性的创新思想选择。根据多年来的理论研究和社会实践，我们认为，在中国工业化腾飞阶段，思想的创新应主要体现在，提升消费观念、打好农业基础、改革教育、规范市场经济体制、更新思维模式、树立全球意识等方面。下面，我们一一分析这些方面思想创新的必要性。在本书的后半部分，将继续分章阐述这些方面思想创新的主要内容及其对于实现中国工业化的重要性。

1. 提升消费观念

进入工业化腾飞阶段，对于中国民众来说，必须改变固有的传统生活习惯，积极地提升自己的消费观念。吃什么和穿什么，还有住的怎样，这看起来好像是个人自己的事，可是要合起来，那就是国家的事了。消费还是不消费，消费低档用品还是消费高档用品，对于一个国家的经济发展是不一样的。在国家工业化的起步阶段，人们还是应该节衣缩食或者说省吃俭用的，处处追求生活舒适优越是带有市场导向上的盲目性。而在国家工业化腾飞阶段，就需要转变生活消费观念了，这时应该扩大消费，鼓励人们吃得更好、穿得更好、住得更好，还要玩得更好，不能再是舍不得花钱。如果都是挣得多，花得少，那国民经济就无法更进一步发展了。

2. 打好农业基础

到了工业化腾飞的阶段，我们才更加清醒地看出中国的农业落后对于工业化的影响。一个国家的经济必须全面发展，尤其是对于一个拥有 13 亿人口的大国，不能在经济结构上出现偏差。作为第一产业，农业是国民经济的基础，因而，搞不好农业，就搞不好工业化。就目前情况讲，中国的农业发展远远不适应工业化腾飞的要求，基本上还未走出传统农业的路子。这就要求我们必须尽快改变现状，从制度到组织，从市场到技术，都要实现彻底的改变，以确保在未来的十几年内，能够打好中国的农业基础。

3. 享受免费午餐

世界上并非没有免费的午餐，传统的经济学在这方面存在严重的误导。发展教育，就是获取免费的午餐。中国的教育落后已经是冰冻三尺非一日之寒了，看到穷乡僻壤的破落小学校，看一看那些收入微薄的代课老师，就知道我们对于教育的重视程度还很不够，在这方面的历史欠账太多。更为重要的是，我们的高等教育落后，理工科教育达不到前沿，文科教育还没有突破思想僵化的教条，不仅本科落后，而且研究生教育更落后。这种状态不改变，中国享受到的免费午餐就要大打折扣，中国的教育就无法支撑中国的工业化腾飞。所以，在未来的年代，发展教育使之跟上工业化腾飞的步伐，是中国走富国强民之路必须给予认真解决的头等大事。

4. 规范经济体制

我们要在工业化腾飞阶段规范市场经济体制，其前提是必须准确认识什么是市场经济。很遗憾的是，我们已经进行经济体制改革 30 年了，进行市场经济体制改革 15 年了，却始终不清楚市场经济与传统经济的区别，而且是从实用主义出发，想当然地对市场经济做出种种的任意解释。于是，这么长的一段时间内，我们无法对市场经济体制做出规范，因为至今许多的人甚至还不懂得什么是不同于商品经济的市场经济。这或是中国经济理论界的一种严重的失误和失职，但是我们却也无法追究任何人的责任。现在需要做的只能是，在这方面尽快补上认识的空白。

5. 更新思维模式

与时俱进，就要求我们更新思维模式。但是，怎样才叫作与时俱进，其实很多人并不明白。在轰轰烈烈的改革之中，我们的思想应该是从哪里进到哪里，这是一个原则性的问题。也许，人们都明白，与时俱进不是随便说说的，不是想哪天进就哪天进的。所以，我们必须认真地思考这一问题。而一旦我们搞清楚了这一问题，就会知道实现中国的工业化，保持我们现在这样的思维模式是不适应的，必须根据与时俱进的认识要求，从实际出发，实事求是地更新我们的思维模式。

6. 树立全球意识

迎接工业化腾飞的挑战，我们还必须树立全球意识。在经济全球化时代，缺少全球意识，是很难发奋进取的。经济全球化是中国工业化腾飞的大背景，这是我们必须认识到的，否则，我们将无法应对腾飞，无法从世界汲取智慧。我们应该知道，中国在现时代已经是与世界紧密相连的，中国离不开世界，中国经济的发展离不开世界经济的发展，中国是世界的组成部分。在此前提下，牢固树立全球意识，我们才能进一步地具体研究中国工业化腾飞的方方面面的重要问题。

7. 融入世贸组织

中国加入世界贸易组织的意义十分重大，这是中国闭关锁国多年后重新回到国际社会的一个重要标志，也是中国改革开放历经曲折反复后取得的一个重要成果。从培育中国统一开放的市场体系讲，全面履行加入世界贸易组织的承诺，是发展全国性商品市场，建设市场经济体制的必要条件。在中国工业化腾飞的进程中，不论是政府部门，是企业，还是个人，任何一方都不能以任何借口不履行国家已承诺的加入世界贸易组织的协议条款。中国要从自己的国情实际出发去与世界连接，但是，改革的目的正是要改变中国贫穷落后的国情，而决不是要维护着自己的国情不变，所以，中国要全面履行加入世界贸易组织的承诺，不能因自身国情的特殊而偏离步入国际社会的承诺路径。只有认真地执行世界贸易组织规定的国际贸易往来原则，全面地而不是片面地履行中国加入世界贸易组织协议的各项承诺，中国的现代市场体系建设和商品市场的发展，中国与世界各国经贸往来的扩大与深化，才能健康地走上可持续发展的轨道。中国融入世界贸易组织，将很好地增强国际社会对中国的信任和支持中国经济发展的信心。

第七章　大众消费时代

中国工业化腾飞阶段的到来，也就是大众消费时代的到来。2008 年，中国加快经济发展方式转变的第一方面具体要求，是由主要依靠投资、出口拉动经济增长向依靠消费、投资、出口协调拉动经济增长转变，其转变的突出点是增加了依靠消费，即明确强调增加消费对于现阶段中国经济发展的重要作用。而这种需要鼓励和增加的消费主要是大众消费，是工业化的腾飞使广大人民群众进入了丰富多彩的消费时代。

一、广州引领大众消费

在中国改革开放之后，本来就敢想敢干的广东人最先改变了自己的消费观念，其中，尤以广州人为代表。有钱不花，在北方被一直视为美德，而在广州人眼里，却是十足的傻瓜。也许是广州人太有钱了，全国居民储蓄总额中的 5％ 在广州，而广州只有约 1000 万人口，不及全国人口的 1％。比起有钱来，实际上，广州人更会花钱，或者说，广州人比其他地方的人更会消费。中国工业化腾飞之前，是哪里的外资引进多，哪里的经济发展最快；中国工业化腾飞之后，应该是哪里的消费火热，哪里的经济形势最好。现在，可以说，广州一直引领着全国的大众消费高涨的潮流。

1. 热闹非凡的酒楼

广州百姓没钱的时候，想吃什么也吃不到；到了广州百姓有钱的时候，想吃什么就吃什么，而且特别爱去酒楼吃饭。在其他地方，现在酒楼还不是一般百姓去的场所，偶尔有人请客去吃顿饭就不错了，基本上还是远离酒楼的；而在广州，在珠江三角洲，近年来一般百姓也要去酒楼吃饭，不是请客，只是自己全家去吃，可能他们去的酒楼不是特高级的，但也绝非不讲究不气派。所以，你去吃，我去吃，搞得个广州的酒楼热闹非凡，是最让全国的同行羡慕的。有一次，我们在中部的一个省会城市开会，半夜想出去吃点东西，结果找了好一阵子也没找到，可能火车站那里能有，但我们不想去那里，只好作罢。这种事在广州是决不会发生的，一天24小时，全市哪里都有营业的酒楼，就怕你没有肚子吃，不可能让你饿肚子。比起吃的消费来，广州人好生了得，真敢花钱。在其他地方，一般人吃早餐，只花几元钱；而在广州吃早茶，每个人要消费几十元钱。这恐怕就是广州市与珠江三角洲以外的其他地方明显的不同。广州已进入大众消费时代。广州市的好酒楼，天天人满为患，有时候，在楼梯的拐弯处，还摆上一张桌子，还有人兴高采烈地在那里吃饭。此种情形，我们仅在洛阳牡丹花会期间的真不同酒楼见过，但那时是花会，真不同是全国名店，而广州这里几乎每天如此，似乎好一些的一般酒楼都是这样。

2. 方兴未艾的沐足

广州的大众消费还表现在沐足上。去沐足的人，各行各业的人士都有；提供沐足服务的人，是打工仔和打工妹，以打工妹居多。不要以为去广州打工就是进工厂，其实有很多是从事服务行业的，包括为客人沐足。沐足，就是现在我们身边的足底保健，简称足疗，它可能最早是广州引进、广州兴起的。现在，广州的沐足业已经非常发达。有一些著名的沐足馆，也是每天门里门外排长队，雇佣好几百沐足师也不够用，一派兴旺景象。实际上，沐足说不上是高消费，也决不是低消费。享受沐足服务，一个钟头的消费，在广州最低也要30元钱，好一点儿的需要80元或是上百元。如果消费两个钟头，那花费就得翻倍。如果是请几个人去沐足，那费用并不比去酒楼吃饭低。说白了，沐足就是让别人给自己洗脚，现在社会让别人给自己洗脚没有什么不好意思的，付费就是了，一样的是市场交易。有的白领算过一笔账，一天沐足花费100元，一个月是3000元，他们认为很值，不在乎这些钱。可是，这要是在过去，一个月花3000元钱去洗自己的脚，想都不敢想。这也许就是时代的不同，消费观念的不同。广州人没有因为总去沐足而贫穷，相反，广州是中国最富的地方之一。在广州人看来，沐足消费是一种娱乐消费。广州的沐足引领了全国沐足业的兴起，现在全国各地几乎每个城市都有沐足店。而广州已经不是沐足最兴旺的城市，湖南省的省会长沙，曾经是中国政治气氛最浓郁的地方之一，现在则是全国沐足业最发达的城市。

3. 精致典雅的小区

在中国的地域范围内，广州人住的也是最讲究。在广州，精致典雅的小区比比皆是。很久以前，广州就被人们称为花城，到了现在工业化时代，这种花城的美誉实实在在地落在了居民小区的建设上。像有些地方的楼盘，自己可能以为是很好了，包括北京的一些高档楼盘，那要是放在广州，是卖不掉的。广州的商品房小区，一是要有绿化。几乎每个小区内都是郁郁葱葱，像花园一样。如果不搞好绿化，那楼盘是很难卖的。所以，也没有哪个开发商敢于不搞绿化的。二是要有社区服务设施。小区建设都是配套的，并不是光建住宅，像全国闻名的华南碧桂园，里边应有尽有，生活服务一应俱全，在其带动下，其他小区也十分重视服务设施建设。许多小区内设有让人休闲的地方，构成广州园区特色，比起北京的几乎都是没有会所的楼盘，那是先进多了。三是要有很好的楼房套内设计。广州的楼盘可以提供个性化服务，尽量让业主满意，可根据购房者的要求，对一套房子的内部开间进行专门设计，避免千篇一律，也能够更好地利用建筑空间。仅此几项，就使得广州的房地产业走在了全国的前面，连一些发达国家的业内人士来参观后都叹为观止，赞不绝口。

4. 时尚不俗的穿着

富起来的广州人的穿着，也是很讲究的。人靠衣裳马靠鞍，这道理好像广州人领会得比较深。所以，广州人不是很讲究但也决不是不讲究衣饰。时尚不俗的穿着在广州展现是很不容易的。广州热，出门就流汗。一流汗，就是什么好衣服也穿不出好来。但这可以促进消费，广州人为此要准备好多的衣服，一件汗湿了，马上换一件。所以，广州人的衣服总是干净整洁的，保持良好形象。在这一点上，发达地区就是与欠发达地区不一样，广州人以前也是不可能讲究穿衣的，因为那时还很穷，现在富了就要变一变的做法值得提倡，这是经济发展客观需要的。广州最先引领全国的服装业开放，让各式各样的服装进到广州，然后再传播全国。这样，广州的服装样式多了，全国的服装样式也多了。在中国，直到如今，没有哪个城市能像广州那样发挥引领服装潮流的作用。过去说，吃在广州。现在看，穿也在广州。广州真是中国改革开放的好地方，很值得全国各地学习。通过衣着的变化，我们可以看到广州消费观念的变化，看到中国南方代表性城市的变化。

二、北京跟进大众消费

在中国进入工业化腾飞的这几年，北京人的消费观念也发生了巨大的变化。加上 2008 年举办奥运会，北京人得天独厚地开始享受到现代化的生活。虽然中国还未实现工业化，但是北京早已进入后工业化时期。所以，事实上，北京大众化消费的跟进有点儿晚，现在的发展步伐应该更快一些。

1. 北京人春节也去餐馆消费

只是在近几年，北京人才开始到餐馆去吃年夜饭。在这之前，北京人还是固守着老传统，在家里过年吃团圆饭。到餐馆去吃年夜饭与在家吃有何不同，其实就吃饭讲，并没有什么不一样的，只是，这代表了一种社会消费观念的转变，代表了北京的餐饮业也走进了大众消费时代。

但是，与广州比起来，北京人的生活变化还是刚刚开始。春节去餐馆的人多了，而平时去餐馆的人还是不很多。如果北京人也像广州人那样，天天让餐馆高朋满座，恐怕北京的经济发展就要更快一点儿。就目前来说，北京的公共汽车和地铁一到每天下班的时候还是特别挤，因为绝大多数的人要赶回家去做饭或吃饭，直到吃饭的正点过后，车上的人才会少一些，堵车的高峰才能过去。我们相信，这种情况再过几年一定会有变化的，到那时，不是公交车多了，也不是道路修宽了，而是北京人也会更多地像广州人一样在酒楼餐馆吃晚餐，不必赶着回家去做饭。工业化就是要使更多的做饭劳动社会化，进入 GDP 的创造当中。

北京有个八达岭长城，八达岭长城有个灯光夜景，还有可观看夜景的舒适餐厅，这个就餐环境要是放在广州，恐怕早就人满为患了，没有人会在意从北京到八达岭长城有 60 公里车程，广州人将车开到珠海去吃晚餐都不新鲜，只要那里有吸引力。所以，等到北京人也不在意要开一个小时车去八达岭长城吃晚餐，那时的北京肯定就是完全地进入了大众化的餐饮消费时代。

2. 北京人开始争抢着买商品房

很长的一段时间，北京人不买商品房。那时，中国市场疲软，希望促进房屋消费，可就是调动不起来北京人的消费热情。北京人不买房的理由很简单，已经有单位分的房子，干吗还要买房。这就比广州人在观念上差了一块儿，广州人也有单位分的房子，但他们有钱了就觉得单位分的房子住着不舒服，于是就有越来越多的广州人买商品房，将自己原来的房子租给农民工住。所以，广州的商品房市场很早就热起来了，广州普通人家的住房也早就升级换代了。而北京人有了与广州人一样的观念，也要进行自家住房的升级换代，也要买商品房，还是近几年的事。

眼下，北京的房价高昂，四环路边上的楼盘都要 2 万多元 1 平方米。促使房价高起来，这里面已经有了北京人的贡献。北京人也要消费高质量的商品房了，不再一味地存钱了。这又是消费观念转变的一种表现。虽然北京在这些方面总是比广州慢一步，但是现在毕竟也跟进了。这是好现象，是中国工业化腾飞给北京带来的新气象。大家都在积极地改变自己的居住条件，工业化腾飞的目的才能体现。

3. 北京人购买私家车的最多

从全国的范围讲，现在北京的私家车最多。对于促进消费来说，这也是好事，是大好事。中国已经建了许多的汽车厂，生产世界上所有的名车品牌，只是有的品牌的某些车型不生产。在这种前提下，中国人不买车，汽车厂就要关门了。过去，上海由于道路拥挤，不让上海人买车。可北京一直没有限制，所以，在北京，是买车的人越来越多。现在，北京的新车90%以上是私人家庭购买，每天有1000多家庭或个人买车。这种消费可不是吃几顿饭的水平，因为最便宜的车也要几万元，不是小数。通过汽车消费，已经将北京的总体消费水平拉起来了，使北京成为中国市场消费量最大的城市之一。

最重要的是转换消费观念。在现时代，有飞跃发展的汽车工业，就要有相应高涨的居民汽车消费。如果只是发展汽车工业，却不让人们买汽车开汽车，让人们艰苦朴素，那不是很矛盾的吗？那车卖给谁去？13亿人口不消费私家车，只生产，那哪一个国家可以承受这种生产？所以，工业化的腾飞，就是要让更多的人买车。北京人在这方面起到了一个很好的拉动市场的表率作用。

4. 北京人外出旅游的也最多

从全国的范围讲，现在也是北京外出旅游的人最多。在各种消费中，可以说旅游的消费最昂贵。在发达国家，每个家庭日常生活支出与他们出去国际旅游的费用是几乎相等的。也就是说，旅游最费钱。猪肉价格再涨一倍，比起旅游来，都是十分不值一提的。现在，北京人外出旅游的最多，说明有一些北京人是很富有的，他们根本不必担忧日常的衣食住行，他们已经可以像发达国家的百姓一样去享受旅游的快乐。中国的工业化已经腾飞，在此时，世界各地都有中国游客，其中尤以北京人居多，这也是好事。北京的这些人代表了中国人未来生活的一种发展趋势。并不是只有北京人可以享受国际旅游的乐趣，也许用不了几年，北京的这个最多就要让位给别的地方。中国的工业化腾飞是迅速的，高速度的发展将很快改变中国的贫困落后面貌，将使更多的人拥有国际旅游的消费能力，走出国门，去认识世界。但在近期内，中国人的旅游消费还主要是国内旅游消费，对此，我们更要积极地转换观念，不要只等着别的地方的人到自己这儿旅游，而要主动地去别的地方旅游，这样才能将中国的国内旅游发展起来。相比全国各地，先富起来的北京人在发展国内旅游方面也应该做出最为显著的贡献。

三、农民开始有了医疗消费

在中国工业化腾飞阶段，消费水平和消费结构发生变化的最大亮点是7亿多农民开始有了现代服务意义上的医疗消费。这对于中国奔向工业化的市场经济发展具有重要意义。医疗消费在现代生活中占有重要位置。据说，美国年人均医疗消费额是4000美元，相当于国内生产总值的10%，即除去食品消费和居室消费外是很大的一个消费部分。中国现在比不上美国，人均国内生产总值才刚超过2000美元，如也按10%算，每人一年也应有200美元的医疗消费，合人民币约1500元。而现在，中国农民的年人均医疗消费尚不足100元，这是在政府的转移支付下起步的。但这是一个非常好的起头，未来的发展在后头，我们应充分重视农村医疗消费的起步。

记者2008年年前赶到新疆呼图壁县五工台镇五工台村时，正值这个村新型合作医疗开始收费。"这是第四天。"村党支部副书记李文芸说。在村委会，五工台村一队的村民李淑琴和马福华前来村委会询问合作医疗的事。她们对记者说，如今农民最担心的有两件事：一是养老，二是看病。"这些天，我们每个晚上都聚在一起讨论合作医疗的事，虽然宣传材料上有些话我们还不完全理解。"李淑琴把宣传材料摊在桌上，指着上面的一些被画了线的文字说："你看这个'补偿起伏线'，还有这个'补偿最高封顶线'，我们不懂。""但大家都觉得这是个好事，如果现在不参加，今后肯定会后悔。"李淑琴告诉记者，1996年县里搞养老保险，动员村民参加，可当时有很多人不理解，没有买，现在看到参加了保险的很多村民开始享受每月几百元返金，眼红，悔得不得了。村党支部副书记李文芸说，村里的合作医疗推广得很快，现在全村80%的人都参加了。前两天收费，都是村民主动前来，村委会门前都排起了长队。"不参加合作医疗，有了病照样得看，现在国家给补钱，为什么不参加？35元钱也就是一盘大盘鸡的钱。"李淑琴说，村里的很多村民都有和自己一样的想法。按这次合作医疗的规定，每人每年只需缴纳35元，自治区、州、县三级财政为每位参合农民补助20元。这55元中，其中15元作为合作医疗家庭账户，这部分资金为农民个人所有，可以继承和结转，用于门诊医疗费用。另外40元作为住院统筹账户基金，用于支付农民住院的医疗费用。参加合作医疗后，因病在乡镇定点医疗机构住院，补偿住院医疗费的45%；在县级定点医疗机构住院的补30%；在县外定点医疗机构住院则补偿10%。但补偿费是封顶的，每年累计总额为5000元。①

　　以上报道还是2年前刚刚开始新型农村合作医疗的事。这之后的变化和发展都是很顺利的。虽然起步时存在的问题很多，但所有的问题都要在以后的发展中逐步地解决。我们不可能指望一开始这项工作就做得非常好，但我们非常庆幸能有这样一个庞大的消费市场的起步。这是一个十分低点的起步，但也是一个意义

---

① 刘冰：《农民如何看待新型农村合作医疗》，《中国青年报》，2006年2月8日。

十分重大且市场前景广阔的历史性起点。中国农民从几乎不上医院看病，到可以接受现代医学提供的社会服务，这是一个了不起的大跨越，我们要从扩大消费的意义上给予高度的重视。

根据市场经济体制改革的要求，在工业化腾飞阶段，我们对于中国农村医疗消费市场的规范和扩展有如下几点思考。

第一，政府给农民医疗补助，还是要依靠市场化保险机构运作。中国的农村医疗保障体系建设终归是要走市场化道路的，所以，在起步阶段就应打好一个制度性的基础，即不要用行政手段运作，而要直接利用市场化经营的保险组织。政府可以考虑将给农民的所有补贴全部拨付给中国人民保险公司，由保险公司来运作农民的医疗保险费，对农民提供覆盖全社会的医疗保障。

第二，社会应鼓励医科大学毕业生到农村工作，直接为农民提供医疗服务。现在提倡大学生到农村当村干部，是很好的创举，是很有社会文明发展意义的。如此而言，为什么医科大学生不能到农村当医生呢？现在，医科大学生在城市很难找到医院工作，于是，纷纷改行，浪费了宝贵的教育资源。所以，在满足农村医疗消费逐渐扩大的要求下，我们应该像鼓励文科大学生到农村去作社会工作一样鼓励医科大学生到农村去当医生。

第三，中国农村医疗消费发展的主流方向应是重在预防。中国农村的污染比城市小，中国农民的健康状况比城市人口好一些。我们可以继续扩大农民的医疗消费，但不是像城里人那样动不动就去住院，而是应立足于加大预防。这样，我们才能既使得农民享受到现代医疗服务，又减少病痛的折磨。从现代医学发展的角度来认识，医务人员的主要社会作用是预防疾病发生，而不是治病救人。关于这一点，城市人口也应接受新理念，而广大的农民应是更有条件地积极贯彻下去。

四、必需消费与非必需消费

中国著名消费经济学家、湖南师范大学尹世杰教授最近指出："人们的消费需要是不断增长的，消费结构是不断升级的。生存资料的需要不断得到满足，就要求满足享受和发展的需要。"[①] 现在，从整体上讲，中国的消费观念需要转变的问题是，在工业化腾飞阶段，人们的生活状况已经有了很大程度上的改善，特别是2007 年人均 GDP 超过 2000 美元之后，一般地讲，适应经济高速发展的要求，增加社会消费不仅是要增加必需生活消费，更为重要的是必须大力度地增加非必需生活消费。

在人类劳动不发达时期，社会难以满足人们的基本生存需要，人们的消费主要是必需的生活消费，很少有非必需的生活消费。因此，缺少非必需生活消费是劳动不发达或者说经济发展水平低的一种外在表现。但当人类劳动高度发达之后，人们必需的生活消费品在总体上是能够满足的，即人们基本的吃、穿、用、住等方面的需求在劳动的复杂程度提高之后是社会完全可以支撑的，包括在发达国家或地区和一部分发展中国家或地区家庭轿车都已成为了必需的生活消费品。问题在于，必需消费自然是有一定限度的，如果人们只满足于必需的生活消费，那么市场很快就会饱和了，生产的创造力会大大高于人们的生活消费需要。这就是说，在现代社会，只注重必需消费，经济就无法继续发展了，因为不可能在市场消费需求饱和的状态下进一步发展经济。如果要进一步发展经济，那就必须扩大人们的消费，以此扩大市场需求，因

---

① 尹世杰：《闲暇消费论》，第 155 页，中国财政经济出版社，2007。

而，消费的扩大必须是由必需生活消费扩大到非必需的生活消费。所以，非必需的生活消费的扩大是现代市场需求的重要特征，非必需生活消费是作为促进现代经济发展的重要消费内容存在并发挥作用的，经济越是发达，越是要促进和保证市场实现更多的非必需生活消费。

从某种意义上说，现代社会经济发展的过程就是非必需生活消费的增长过程。现代非必需生活消费发展趋势的基本特征是比重的上升性。"美国人的恩格尔系数 1965 年已降至 22.98%，1984 年又降到 18.94%，法国人的恩格尔系数 1970 年降至 26.9%，1985 年再降至 19.7%。"① 这表明，在发达国家，人们的食品必需消费的比重已经降得很低了，非必需生活消费的比重是随之上升的。在现代非必需生活消费中，表现最为明显的，是旅游消费的增高。旅游是深受人们喜爱的，无论是大人还是孩子，无论是东方人还是西方人，都愿意出去旅游。现在一般的发展中国家的居民还难以享受国际旅游的乐趣，因为其经济实力还没有达到较高的水平。而发达国家的普通居民几乎每年都可以轻松地实现国际旅游消费。这是现代经济中非必需生活消费比重上升的一种直观的表现。

非必需生活消费分为两大类：一类是对生活必需品的非必需消费，再一类是对非生活必需品的消费。衣、食、住、行以及医疗等方面的消费是生活必需品消费，其中有必需消费，也有非必需消费。现在，许多人不喝自来水了，要喝矿泉水，每天大瓶、小瓶的买矿泉水喝，这就是对生活必需品的非必需消费。如果一个人每天只是饮用小瓶装矿泉水，按现在的价格，大概一天 10 元钱打不住，以此为最低额度计算，一个人一年也要用去 3650 元喝

---

① 《尹世杰选集》（第二卷），第 183 页，湖南师范大学出版社，2002。

水。可我们知道，2007年中国农村人口的平均纯收入是4140元，而且在5年之前仅是2476元。相比之下，这样喝矿泉水是很奢侈的，不能不属于非必需生活消费。还有，一些白领女性，几乎月月要买新衣服，她们的衣服多得穿不了，仍嫌不够，这也是生活必需品的非必需消费的表现。更有一些家庭，是买大房子或买第二、第三套房子，要么空置不住人，要么只住很少的人。这也是对生活必需品的奢侈性的非必需消费。就一般百姓讲，在正常的情况下，买一套普通住房的价格大约是其6年的工薪收入总和，所以，能有一套住房已经很不错了，根本买不起更多的住房。而在这方面能够有非必需消费的人，当然属于高收入阶层。这也就是说，在住房方面，可以扩大非必需消费的，只能是高收入阶层的需求。至于日常出行，不是选择公共交通工具，而是使用豪华的私家车，这也是对必需生活品的非必需消费选择。而且，人们出行，若只是为了逛街，为了游玩，或找人聊天，聚一聚，那么，即使选择公共交通工具，也是非必需消费。在现代生活中，如果对必需生活品的非必需消费不是很多，那么准确地讲，社会不可能有太多的生活必需品消费。饮食重要，但吃太多的东西会影响健康；穿衣有四季的需要，但必需的要求也并不是很高；在住的方面，只要个人有足够的生活空间就可以了，再多，一个人也不可能分身去使用；在行的方面，发达的公共交通工具满足基本需要绰绰有余。因此，在现阶段扩大非必需消费，除去扩大一部分生活必需品的非必需消费之外，主要还是扩大非生活必需品消费。在这方面，扩大消费具有广泛性特征。沐足等劳务服务均属于非生活必需品消费，此类消费在当今中国城市已是普遍的存在。请家政人员打扫卫生、做饭、洗衣，也是现代中国城市白领生活的时尚，扩大这方面的非必需消费，可增加一大部分人包括进城农村人口的就业。还有更多的是文化生活消费和休闲娱乐消费的扩大，也都属于非必需消费。在现阶段，大批的人从事文化创意工作或休闲娱乐服务，在文化创意产业和娱乐业供职，这与大批的人从事必需生活品生产，在扩大消费的意义上，是同等重要的。在发达市场经济国家，现在这一类消费的比重是很高的。在中国的工业化腾飞阶段，也必须大幅度地提高这一类生活消费，为扩大非必需生活消费开辟巨大的市场发展空间。"文化产业作为全球经济的一个亮点，已经成为美国、英国、日本、西班牙、韩国等国家主要的支柱产业之一。在我国，文化产业虽然刚刚起步，但其发展速度与产业前景已十分令人鼓舞。文化产业以其丰富的经济功能为中国经济的发展贡献着越来越强的支持力。"[1]

---

① 冯子标、王建功：《文化产业兴起与我国工业化转型》，《经济学动态》，2007(11)。

第八章　走出传统农业

由主要依靠第二产业带动向依靠第一、第二、第三产业协同带动转变，是目前中国加快转变经济发展方式的第二方面具体要求。落实这方面转变的关键就在于必须全方位地推进中国农业经济的科学发展，从根本上彻底地改变中国第一产业的长期落后状态。① 因为此时相比第二、第三产业，中国第一产业的发展水平还相差太远。这就是说，在工业化腾飞阶段，中国第一、第二、第三产业协同发展的最为基础的要求是必须加快改造传统农业，即必须走出传统的农业生产方式，努力实现中国农业经济的市场化和现代化。如果作为国民经济基础存在的第一产业不能跟上加快转变经济发展方式的步伐，那就决不可能做到第一、第二、第三产业的协同发展。

一、需要彻底改变小农经济

当前，推进农业产业建设迈开大步，需要切实贯彻执行国家早已确定的土地有偿转让政策，吃透政策精神，落实政策到

---

① 尽管 2007 年的粮食产量再次突破 5 亿吨，居世界第一，但中国农业的发展主要还是靠落后的传统方式。

位，以集体土地制度的稳定与市场化应用为科学发展农业的基础。

1. 小农经济与实现工业化相矛盾

在中国，一家一户的小农生产方式已经延续了数千年，当今，在现代市场经济条件下，集体土地所有制下的农业生产必须超越传统的小农生产方式，走出现代化发展的新路，实现土地的集约经营和机械化种植。

在世界上，没有哪个国家实现的工业化是建立在小农经济基础上的。小农经济与实现工业化是矛盾的，是格格不入的。如果一个国家的农业基础还是停留在小农经济状态，那其工业化的实现就几乎是不可能的。小农经济需要大量农业人口，不需要特别多的工业产品，这就限制了工业的就业人口的增加和工业产品市场的发展，所以，小农经济的存在是工业化的阻力。有小农经济存在，就无法继续推进工业化的腾飞。

长期以来，中国人已经习惯了小农经济，似乎对改变小农经济有些接受不了，而且，一想到改变小农经济需要付出高昂的社会转型成本，就更有些望而却步了。改革已经30年了，年年高度重视，年年未能启动解决农业转型的步伐，从根本上说，这是一个观念问题，是一个在思想上尚未认识小农经济延续的严重性问题。然而，我们要记住，如果在工业化腾飞阶段还是留恋小农经济的生产方式，那我们就很快会遇到经济发展的障碍，就会因农业的基础落后而无法继续保持经济的高速增长和工业发展水平的进一步提高。

2. 农业生产必须达到集约规模

2003年3月1日正式实施的《土地承包法》，以法律的形式明确规定农民享有土地承包经营的权利，这对于改变中国农业传统经营方式是必要的法律保障。在现有的土地制度基础上，是能够做到农业的规模生产与集约经营的，但这并不是要走回头路，重新回到大锅饭时代，而是要在现行政策的允许下实现农业土地的市场化集中经营，要让享有土地承包权的农民自觉自愿地以有偿转让的市场化方式将土地集中在农业生产专业户的手中，进行规模化现代化的农业生产和规模化市场化的农产品经营。近年来，在学术界，有一些人认为不改变土地的集体所有制就不能发展现代农业，就不能实现土地的规模生产与集约经营。这种认识对于推进中国农业现代化不无启示意义，但并没有能够跳出原有的体制思路看问题。事实上，在市场经济体制下，产权的运作是十分简便与灵活的，以土地的产权运作为核心，在允许土地有偿转让政策下，是可以进行土地的市场化集中的，并不存在不可协调的阻止农业现代化发展的制度障碍。只要允许土地有偿转让的政策稳定，相应就可以保证土地的规模化生产经营者的经营稳定和获取良好的经济利益。现在，当务之重是动起来，有效地落实允许土地有偿转让政策下的农业土地集约经营的实践，以实践的具体成效推进中国农业经济的发展逐步走出传统的土地分散经营的小生产方式窠臼。

3. 中国农业人口的比重必须降下来

在工业化腾飞阶段，配合农业产业的集约化经营，中国农业人口的比重必须降下来。如果还是 7 亿多的农村人口，还是 3 亿多农业劳动者，那我们的工业化在广大的地区是实现不了的。美国只有 300 多万农业劳动力，中国人口是美国的 5 倍，按同样比例，应该只需要 1500 万农业劳动力。但这一要求与中国的农村现实距离太远，我们不可能与美国一下子消灭距离，从实际出发，中国恐怕在近期内还不能少于 1 亿农业劳动力。按这个数量，虽然比美国还多得多，但我们自己还是降了很多的。我们一定要明确这个目标，一定要努力实现这个降低农业人口的最低目标。中国新农村建设中的新农村，与原先的旧农村相比，最大的区别就在于农业人口的大幅度减少。如果农业人口的数量降不下来，更准确地说是要显著地降下来，那不论我们对于新农村的建设有多少投入，农村的房屋和街道变得多么好了，实质上，那个农村还是旧农村，并不是我们需要的新农村。这也就是说，新农村新在环境，是表面；新农村新在农业人口降下来了，是实质的要求。为了实现工业化，为了三大产业的协调发展，我们应将降低农业人口的事情作为硬任务来抓。但这并不是要将农民硬赶出农村，我们不是这个意思，我们讲的是城市要主动地吸收农村人口，工业要创造更多的条件吸收农业劳动力的转移。由此而言，降低农业人口比重的责任主要不在农村，而在于城市与工业的发展。同样的道理，这也就是说，建设新农村的动力要来自城市，建设新农村的真正责任是国家承担的，这并不是农民自己的事情。

二、改革农业生产组织

为了实现工业化，在农业生产组织方面，现在实行的家庭联产承包责任制，一定要有实质性的进展，不能总是停留在 20 世纪 80 年代改革初期的水平上，必须尽快与现代农业的生产技术相适应，积极地探索性地建立能够达到现代农业发展水平的生产组织。近几年，有些地方的农民在当地政府的指导下自发地创办了生产合作组织，就是一大进步。这便于农民引进新的生产技术，便于农民与市场对接，便于实现农业的规模化经营。以色列是世界上农业经济发展最先进的国家之一，以色列的农业成就主要是依靠农业生产合作组织取得的。在中国工业化腾飞阶段发展现代化农业的历史进程中，中国的新一代农民可以学习以色列建立各式各样的农业生产合作组织，也可以借鉴其他发达市场经济国家的经验，发展形成各种不同类型的具有法人经营资格的农业生产专业组织。

1. 家庭联产承包责任制的局限性

搞工业化，就不能再搞家庭联产承包责任制。在中国工业化腾飞阶段，我们应该清醒地看到家庭联产承包责任制的局限性。在日新月异的 21 世纪，我们不能继续形式化的做法，继续搞名存实亡的家庭联产承包责任制。与公社化的大锅饭相比，家庭联产承包责任制有其合理性和发展性，而要是与其他发达国家的农业生产组织相比，家庭联产承包责任制的组织形式就太落后了。

首先，家庭联产承包责任制的农业生产达不到规模经营的要求。一家一户种地，多说种几亩，少说种几分，仍然是小农经济的延续，与现代农业不接边。在这种组织形式下，无法实现农业的集约规模经营。现在一些外出打工的人员，看年景好，就收一收庄稼；看年景不好，干脆就不管地里了，这样做是对家庭联产承包责任制的最大挑战。这说明，在现代农业技术的推动下，中国农业不走规模经营的生产道路是不行的，而走这条道路，一家一户的家庭联产承包责任制已经不适应了。

其次，家庭联产承包责任制的组织形式不利于推进农业生产先进技术。一家一户几亩地，对于推进新技术没有太大的意义。而且，如果在这种组织形式下推广新技术，成本也是很高的。对于只有很少土地的农民来说,新技术总是高不可攀的,自己的小地盘是承受不起的,自己既不能获取更多的收益,也不愿为新技术的采用去担风险。所以,很多时候,农业技术推广人员费尽口舌,也说不动实行家庭联产承包责任制的农民,他们就是不愿放弃自己已经熟悉的生产技术。

再次,家庭联产承包责任制也不能有效地实现与市场经济体制连接。准确地讲,家庭联产承包责任制是计划经济体制下的改革成果,现在中国进入市场经济体制改革阶段已经 15 年了,无论如何也不能再保留计划经济体制的成果了。以家庭联产承包责任制的形式是不可以与市场经济运行的机制融合的,家庭联产承包责任制不具有经营法人的资格,不能独立于市场运作,是一种散户状态下的农业经营,既没有效率,也与市场经济要求的经营实体状态格格不入。所以,进入工业化腾飞阶段,中国必须构建符合市场经济体制要求的农业生产组织形式。

2. 要积极创立新的农业生产组织

在改造中国的农业经济中,创立新的农业生产组织是一项基础工作。现在,我们的城市已经可以发展多样化的经济成分,为什么在农村就不能搞多种经营形式呢?我们说,家庭联产承包责任制起到过好的历史作用,而现在应该进行新的创造。

我们可以实行各种各样的农业合作组织。吸取外国的经验,搞多方面的合作,成立农业合作社组织。搞以色列式的合作组织也好,搞自己创新的股份合作制组织也好,总之,不能还是家庭联产承包责任制了。

我们主要应搞家庭农场。现在,全世界发达国家的农业组织都基本是家庭农场,这是很成熟的经验,我们应该积极地学习与借鉴。过去，在城市里不让搞股份制，现在，城市里的股份制不是已经很普遍了吗？在城市那么开放的同时，为什么在农村就不让搞家庭农场呢？这对农民是不公平的。既然城市能向发达国家学习，那农村也是同样可以向发达国家学习的。从发展的眼光看，中国农村走上家庭农场化道路是早晚的事情，我们应该早走，而不要拖到不能拖的时候再走。

我们还应发展个人或法人投资的大农场。一般说，大农场数量少，威力大，一个农场顶几十个或几百个家庭农场，具有更大的经营优势。我们如果仅限于发展家庭联产承包责任制，那就永远不要想实现大农场了。我们要走出传统农业，就要大胆地向前走，允许各方面的力量进入农业经济领域，创立大型农业生产组织。中国的农业保障不光是土地问题，除了保护耕地之外，我们还要在更新农业组织方面下工夫。我们需要创办中国特色的大农场，振兴中国农业。

三、要市场化经营农产品

在市场化取向的中国农业经济发展中，农产品市场的发展必须依靠市场化经营组织，进行公司化运作，不需要政府直接参与其中。这就是说，除去完成国家收购任务和农民自留的消费部分，其余的农产品全部要通过市场交易进入国民经济的满足社会需求的运行之中。为此，必须建立农产品经营公司，同其他行业一样，进行资本运营，对现代化的农业生产提供坚强有力的市场保障。这是对于中国农业经营的基本方面的改造，是这个工业化腾飞阶段在农业经济领域中引起变化的又一个方面的表现。

1. 政府不要充当市场中介

过去，在向市场化迈进的过渡期，许多地方政府对于家庭联产承包责任制下农产品的种植、养殖和销售有过直接的助力或强力的组织控制，不论其出发点和效果如何，都是反市场化的做法，虽然能够理解和不得不接受，但是却不能再延续了。中国农业的发展必须走市场化道路，不能成为政府包办的产业。

政府充当市场中介的弊端很多。其中，最大的弊端是政府赔不起。比如，政府号召农民种大蒜，农民都种了，丰收之后，好卖或是特好卖，那没有说的；倘若市场不好，大蒜卖不出去，又当如何呢？农民怨政府，政府是好意，农民不怨政府，大蒜卖不出去，就没有活路了，不怨根本是不行的。所以，政府不要介入其中，不要只包盈不包亏。政府是做社会工作的，不是直接作市场中介的，政府没有能力负责农民的损失问题。

政府可以搞招商引资，可以搞技术推广，还可以直接作市场主体，就是不能搞市场中介。将来的农民要自己给自己做主，不用政府做婆婆。政府也不要做出力不讨好的事。现在，县一级和乡一级政府特别喜欢指挥农民，像个司令官一样，让农民干什么，农民就得干什么，这哪里是正常的？从市场经济的角度看，这是很不正常的，是与市场经济不合拍的。这其实都是长期计划经济体制留下的后遗症，我们在工业化腾飞阶段是必须要给予清理干净的。

2. 销售农产品也需要资本运作

从创新的角度讲，农产品的公司化市场化经营是传统农业转化为现代农业的市场保障，是在新的市场经济体制下保障农业生产者稳定收益的基本条件。经营农产品的公司在农业生产与市场需求之间搭起一座资本运作的桥梁，以现代资本经营的方式为农业经济服务，可将农业的发展带到以高科技为主导的现代产业发展的链条之中，使之能够与第二、第三产业协同发展，其创建意义是十分重要的。

同时，要与第二、第三产业实现协同发展的中国现代农业不能仍是在无金融体系支撑的状态下生存。由于长期以来中国农业是处于小生产的发展方式下，现代金融机构难以进入农业领域，原有的农业金融组织的服务功能也在逐渐地消退，甚至将自身的主营业务转向了城市。显然，离开了现代金融体系的支撑，仅仅依靠国家政策性银行和融资能力很小的农村信用社提供的金融服务，中国农业是迈不开现代化发展步伐的。因此，随着农业规模化经营的实现，先进的农业生产组织和农产品经营公司成为产业主体，现代金融机构必须大举进入中国农业经济领域，构建相对完整的农业金融体系，提供全方位的现代农业金融服务。在这方面，金融体制的改革已经迫在眉睫，其重要性并不仅仅是要系统地支撑农业经济的现代化发展，更关系到第一、第二、第三产业需要以此为基础实现协同发展。

四、国家负责农业技术进步

最重要的是，中国农业的现代化需投入巨额资金进行农业科学技术研究。技术进步是现代农业经济发展的基础条件，现代农业必须建立在现代农业技术广泛应用的基础之上。相比减轻农民的负担，国家供给农民先进的生产技术更为重要。获得优良的种子是提升农业生产水平的关键。

1. 技术进步是现代农业经济发展的基础条件

现代发达国家都将对农业的投入摆在第一重要的位置，为农业技术的研究创造最好的环境和条件。而在所有的农业投入中，最重要的是关于技术进步的投入。没有人能否认，发展现代农业，技术进步是必须具备的基础条件。技术代表的是劳动智力的发展水平，这一水平决定劳动整体的发展水平。在传统农业生产中，技术也是发挥主导作用的，但是，从事农业劳动，起主要作用的还是体力作用，传统的耕种模式，要求劳动者必须有强健的体魄，或者说，一定要有劲，没有力气，什么农活也干不了。在现代农业中，不是体力不必要了，而是智力更重要了。没有高智力的投入，我们无法实现农业机械化生产，无法改良土壤，更无法得到优良的品种。整个农业是随着技术进步发展的，从机械化农业到生态农业，从传统畜牧到现代优质的良种畜牧，这期间的变化都是由农业技术进步推动的。我们与现代发达国家的农业发展水平相比，主要的差距也是在农业技术水平上。这也就是说，农业技术上不去，农业的发展就要受到制约，整个国民经济都要受到影响。发展农业的根本是一定要从推动农业技术进步做起。哪一个国家重视农业技术进步，哪一个国家的农业发展就会走在世界各国的前面。在中国工业化腾飞阶段，我们更需要推动农业进步，推动农业走向现代化，因此，我们也就更需要高度重视农业技术的进步。

2. 保障农业技术进步资金应由国家负责投入

在中国目前的现实条件下，国家应负责农业技术的进步，即负责全国的农林牧副良种培育工作。改革以来，已经过了很长的时间，年年都在讨论农业生产问题，讨论农村经济体制的改革问题。而这所有问题中的核心关键，就是一个农业技术投入的问题。在中国农业走向市场化之中，唯一不需要市场化的就是关于农业技术研发的投入。这不是市场化能解决的问题，在世界各国，对此都一律保留着政府的责任，即都是由政府统一负责农业核心技术的研发和推广，农业在国民经济中的极端重要性，由此得到集中的体现。因此，进入市场经济的中国也不能在农业技术研发和推广方面搞市场化，中央政府必须调集充足的财力保证全国性的农业技术研发和推广的投入，中国农业的现代化发展必须依靠国家对农业技术进步的统一负责和财政支持。这也就是说，若能获得中央财政全力的科研经费投入，中国农业科学院将在现阶段加快经济发展方式的转变中发挥极为重要的基础促进作用。

农业技术研究是长期的过程，非常耗费时间和财力，而且也需要最优秀的科学家。但除了时间和人才外，我们强调的最重要问题是，必须由中央财政负责农业技术基础研究的全部资金投入。如果说我们非常重视农业，那是空口无凭的，关键在于看我们为农业进步的科学研究投入了多少资金。如果我们在这方面的投入比军费都多，那我们肯定是高度重视农业技术进步的；相反，如果只是投入不太多的经费，使农业科学研究院的研究费用捉襟见肘，那不论我们嘴上说多么重视农业技术进步，其实在心里在行动上也是对农业技术进步不重视或不太重视的。

五、在腾飞阶段要逐步更换农民

让中国的农业在工业化腾飞阶段走出传统模式，走上现代农业经济发展道路，最重要的工作或者说任务是，在劳动主体方面实现转变，需要认真地逐步更换农民。社会现代化的根本是人的现代化，因此，农业现代化的根本是农民现代化。

1. 农业现代化的根本是提升农民素质

从建设新农村的那天起，我们就担负着教育农民和提升农民素质的责任。现代化的农业需要现代化的农民，只有提升农民的素质，我们才能建设新农村，实现农业现代化。

一是要提升农民的文化知识。文盲以后不能当农民。别看中国几千年中有无数的文盲农民，但是，到了今天，文盲农民的历史可以结束了，从今往后，不用说是文盲，就是低素质的农民也是落伍的农民，即是将要被淘汰掉的农民。大力普及农民的文化知识是非常必要的，这是农民进入新时代的基本条件。没有文化的军队，是打不了胜仗的军队；没有文化的农民，是干不了现代化的农民，这是一点儿都不会错的。

二是要提升农民的专业知识。这些知识不是老皇历，而是现代农业生产知识。我们未来的农民要懂得生物工程、机械化原理、农药知识、畜牧知识、气候知识等，应是百科全书式的人物。作一个农民，应该是很不容易的，应当学会很多的知识，并且要会运用。现在，美国的农民就是多面手，哪样儿活计都会做，是知识型农民。而我们的培训目标也是要将中国的农民培训成知识型的多面手农民。这笔培训费用也要由政府支付，这是支持农民走向现代化，是关系国家经济基础的大事，政府的管理作用需要体现在这里。

三是要提升农民的市场经济意识。我们的农民再也不能生活在计划经济体制的阴影下了，必须走出传统农业，奔向市场经济体制下的现代农业发展空间。如果说现在城市人口在经济活动方面已经没有了太多的限制，那么对于中国农民的经济活动就更不应该还有什么大的限制。中国的农民早就应该是市场经济中的农民，早就应该享受到市场经济体制的阳光雨露。我们要让中国的农民了解市场经济的规范要求，了解世界市场和中国市场的未来发展走势，知道怎样在市场中求得生存之地。

2. 新一代农民需要接受高等专业教育

准确地讲，具有现代文化基础知识和农业专业知识的农民，具有市场经济意识的农民，按最低水平要求，也应是接受过高等专业教育的农民。这在中国现实吗？我们说，按现在的国情讲，是不现实的；但是不要忘记，我们的努力正是要改变我们的国情。如果我们永远地停留在贫穷落后的国情里，那我们还要奋斗吗？其实，我们要改变的就是国情，就是要使我们的国家改天换地，去掉贫穷落后的帽子，走上强国富民之路。所以，我们需要高素质的农民，我们可以实现这种农民素质的转换。

在中国工业化腾飞的日子里，我们需要鼓励大批农业大学的毕业生回到农村当农民，做新型的高素质农民。上农业大学的目的，就应该是选择农业劳动为自己的终身职业。办农业大学的目的就是要培养合格的高素质农民，而不是培养农业干部。只有在计划经济体制下，农业大学才是培养农业干部的地方，这是与体制相一致的。到了市场经济体制时代，我们不需要那么多的农业干部，农业大学不能迷惘，而是要发挥更重要的作用，要为国家培养更多的新型农民。

自 2004 年起，中国的工业化要腾飞十几年或更长的一段时间，在这期间，中国社会最大的变化不是在城市而是在农村。我们相信，在工业化腾飞的同时，会有大批的受过高等教育的劳动者开赴农村去创业。其中，有一部分是去农村搞工业、搞旅游业；还有一部分就是去做农民，或者说去做农场主。在工业文明高度发达的时代，无疑，农场主是一种高尚的职业。没有谁能比他们更好地享受蓝天白云，没有谁能比他们更好地远离城市噪音，也没有谁能比他们对社会生存需要的基本生活资料做出更大的贡献。新一代的大学生农民，同新一代的大学生村干部、新一代的大学生农村医生一样，成为未来中国新农村的主要人口，成为最让人们羡慕的人。能成为新型农民应该是非常不容易的，他们恐怕要比考注册会计师还要不容易，因为国家要将最重要的生产资料——土地交给他们使用。中国工业化的实现，在某种意义上，就是要创造出这样的一大批新型农民。只要有了足够的合格的新型农民，中国的农业就能够赶上或超过世界上最发达国家的农业。

第九章　优先发展教育

在中国工业化腾飞阶段，必须实施优先发展教育的重大举措，实现中国教育的创新与提升。这不仅对于当前加快转变经济发展方式的第三方面具体要求，即由主要依靠增加物质资源消耗向主要依靠科技进步、劳动者素质提高、管理创新转变，具有决定性意义，而且对于国家的工业化的实现和长治久安、富国安邦更是不可或缺的基础。对于这一重大问题，我们需要从对经济学基本原理的分析开始进行阐述。

一、谁说没有免费的午餐

在经济学研究的意义上，一个人财富的增加要通过劳动生产过程，或依据劳动主体的作用参与财富的分配，或依据占有劳动客体的作用参与财富的分配。在市场的交换之中，不可能增加财富。商业活动的盈利也不是交换的增值，而是商业劳动的价值加入到商业经营的交换之中，即经营性交换增加的是商业劳动价值与效用，交换本身并没有改变商品的价值量和财富量。交换实现的是两部分价值，一部分是交换的商品的价值，再一部分是为商品交换而增加的商业劳动价值。社会财富的增加并不表现在商业劳动的创造上。如果只有商业劳动过程，没有生产商品劳动的创造，那就没有任何财富的增加。

一个国家或地区的生产商品劳动水平高，劳动能力强，其劳动创造的财富才多，经济才能发达，生活才能富裕。而相反，生产商品劳动水平低，劳动能力弱，劳动创造的财富少，经济才落后，生活才贫困。从原理讲，若要解决经济发展问题，根本的办法只能是通过提高劳动主体的智力发展水平而提高劳动水平。劳动水平提高了，才能创造更多的价值与效用。价值是劳动作用的凝结，效用是劳动成果作用的一般化。

在人类劳动整体之中，发达国家的劳动主体智力的发展是创造性的，而发展中国家的劳动主体智力的发展可以是跟进性的，这种跟进可加快发展中国家的发展步伐，不必再走创造道路。这种跟进能够实现，在于发达国家高智能劳动创造的知识性劳动成果经过一定的产权保护期之后成为现实社会中唯一的有价值而无价格的劳动成果。

有价值的存在，表明有效用存在，即这些知识性劳动成果的效用是延续的，并未消耗掉，也未失去存在的必要，而准确地讲，正是因为其有效用存在，这些知识性劳动成果才表现为价值积累。人类社会的文明进步就是建立在价值积累基础上的，现代社会的发达也是由于有现代的高智能知识的价值积累。

这些有效用、有价值的现代知识性劳动成果没有价格要求，任何市场主体不再对其拥有产权，它们是属于全人类的，是现代人类的共同财富。发达国家创造了这些财富，拥有这些财富，是发达国家经济实现腾飞的保障，也是发达国家与发展中国家拉开差距的根本所在。这些财富没有价格要求是基本的事实，最先进的科学理论和失去专利保护的应用技术都是无偿供全人类使用的。这一点，是发达国家也是全世界的高智能复杂劳动的创造对于人类生存延续的贡献。

从效用的角度来衡量，在人类所有的劳动成果之中，能够保持效用延续和价值积累的知识性劳动成果是社会最大的财富，也是社会永不消失的财富。人类社会的文明进步就表现在这种财富积累的增多上。现在的发展中国家要从根本上解决经济发展问题，跟上人类劳动整体的发展水平，实现工业化和经济现代化，从理论上讲，就是要将自身与发达国家之间的差距取消，也获得并拥有现代高智能复杂劳动创造的已无价格要求的知识性劳动成果的价值与效用，即必须要分享到现代社会人类创造的最大的财富。只要能够实现这种对于现代知识财富的获得和拥有，发展中国家就一样可以转变为发达国家。而实现这种跟进是完全可能的，因为事实就是，在现代市场经济中，这些最大的财富是没有价格的，发达国家可以创造性地拥有，发展中国家可以无偿地得到。

假如发达国家创造的知识性劳动成果向发展中国家传播是有偿的，即通过市场交换在一定的价格下才允许发展中国家拥有，那发展中国家是无法实现对发达国家跟进的，无论如何，发展中国家没有支付能力购买这些财富，因为交换是要价格相等的，发展中国家拿不出相等价格的财富。但这种假设情况并不存在。在世界范围内，我们看到的现实是这些最大的财富没有市场价格的要求，完全是无偿地供给，所以，发展中国家不必付出相等价格的财富就能获得和拥有可使自己国家实现工业化和经济现代化的知识财富。如果在这样的客观前提之下，发展中国家看不到这种无偿性，看不到获取和拥有这些知识财富的作用和意义，那肯定是认识的理性不足，是经济学理论的研究未能给予社会发展实践以正确的指导，是整个人类社会对于最大的财富缺乏明确的思想认识。

问题的复杂性在于，在现实之中，对于无偿性的知识是要有偿地获取，即获取是有一定成本的。这表明午餐是免费的，但去吃午餐还需要自己走路或自己花钱乘车。因而，人们不能将知识的无偿性与获取知识的有偿性相混淆，即不能将存在免费的午餐与去吃免费午餐花的车费相混淆。获得知识的成本只是学习的成本，而知识的本身并没有价格，只有价值与效用。正是由于存在这种有价值无价格的劳动成果效用，因而突出地显示了经济学基础理论对于价值范畴与价格范畴明确划分的必要性和重要性。

为学习现代高智能复杂劳动创造的无偿性的知识性劳动成果效用，发展中国家需要付出的主要成本是教育费用。相比获得的价值，这方面教育费用的付出是相对很小的，即价格是很小的。这样相对小的价格付出是十分必要的，对发展中国家来说也具有这样的支付能力。这是创造成本与学习成本的区别，即发达国家创造这些知识时的成本是高昂的，是发展中国家支付不起的，而学习这些知识的成本是很有限的，是发展中国家基本上能够支付的，至少节衣缩食可以挤出这些费用或靠发达国家的援助也可以保障这方面的成本付出。

需要再明确的是，发展中国家教育费用的付出，是其教育劳动创造的价值与效用的价格，是相比获得的最大财富的最小价格。这种价格不是购买知识性劳动成果的价格，也不是培养出的人才的价格，而是使本国人掌握现代高智能复杂劳动成果的付出价格，是去吃免费午餐的车费价格。由此，我们可以这样说，天下有免费的午餐，只是没有免费送到嘴里的午餐。认识到要获得最大的财富，需要付出一个相对小的价格，这是现代经济学与传统经济学之间的明显不同。

如果发展中国家能够认识到解决其经济发展问题的根本措施是提高本国的劳动水平，培养本国的具有高智能创造力的复杂劳动者，那么任何一个发展中国家都应坚定不移地去获取发达国家创造的现代高智能知识性劳动成果，积极地发展本国教育，尤其是注重发展本国的高等教育，并且还要向发达国家派出大量的留学生，保证支付属于学习成本性质的最小价格。这种解决经济发展问题的路径实质上也是落后国家赶上先进国家的唯一捷径，如果各个发展中国家的行动都能够一致地统一到这一路径或捷径上来，真实地享受当代人类智慧创造的高度复杂的劳动成果结晶，享受社会最大的财富，那么用不了多少年，至多经过几代人的努力，就可以将本国的劳动主体智力发展水平提升到目前发达国家的劳动主体智力发展的水平，将本国的劳动水平提升到目前发达国家的劳动水平，从而保证实现工业化和经济现代化，保证能够从根本上解决现在看来十分棘手难以解决的经济发展问题。

现实的问题是，直至今天还有许多的发展中国家没有认识到其实现经济发展的根本出路在于发展教育，或是还没有在发展教育上迈开大步。更有甚者是，在一些发展中国家，一方面是贫困人口忍饥挨饿，另一方面是将有限的财力用在了改善政府行政办公条件上而没有用在发展教育上。有的发展中国家还在期望通过少许的大项目建设就能改变经济落后面貌，全无战略性的长远谋划，抓不住经济发展的核心要求，或者说根本没有看透国家经济落后的原因是在劳动主体而不是在劳动客体，是在劳动发展水平而不是在自然条件或投资来源。在经济长期落后的情况下，急于改变国家的经济面貌是不可能的，越是着急，恐怕拖的时间会越长。可行的发展之路只能是长期着眼，稳步前进，以人为本，依靠教育，彻底翻身。发展中国家与发达国家存在很大的差距并不可怕，可怕的是没有勇气去消灭这种差距或是虽有勇气但没有走上消灭这种差距的正确之路。

二、教育发展水平与经济发展水平相一致

教育是强国之本，是解决发展中国家经济发展问题的根本之路。没有教育水平的提高，就不会有发展中国家经济状况的根本性改变。一个国家或地区的经济发展水平基本上是与其教育的发展水平相一致的。发展中国家通过教育的提升才能得到没有价格要求的无偿性的现代高智能复杂劳动创造的知识性效用，并由此改变本国的劳动水平和经济发展水平，将消灭贫困与实现工业化一同解决。所以，教育将改变发展中国家，并因改变发展中国家而改变整个世界。仅仅从解决经济发展问题来讲，教育的力量就是十分强大的。更不用说，在整个人类劳动发展水平的提升中，教育也是永远地发挥着其他方面不可替代的基础作用。从教育的功能和地位来讲，这一领域的劳动是人类生存延续的绝对必要的配置，以最小的价格支配最大的财富是现代经济学阐述发展中国家向发达国家转化的基本原理，也是代代相传的各个层次各个层面各个领域的教育具有共同的最基本的社会功能的抽象体现。

但需要指出的是，依靠教育解决贫困问题，其教育的含义既有泛指的内容，也有特指的要求。从泛指方面讲，这是说要求发展中国家必须高度重视发展教育事业，必须将有限的财力投入到教育事业上，节衣缩食地全国上下一致地齐心协力发展基础教育和高等教育以及继续教育等各个层次的教育。从特指方面讲，就是说这种教育的实施必须使受教育者掌握现代的最先进的科学文化知识，包括自然科学的最新研究成果和社会科学的最新认识，也包括工程技术方面的最新知识和社会管理与企业经营管理方面的最新知识。若缺少这种特指内容，发展中

国家的劳动主体智力发展水平是不会获得新的大幅度提升的，是不可能承担起推进本国劳动整体发展以达到实现工业化水平要求的历史重任的。所以，在讨论中国工业化腾飞的问题上，我们必然强调中国发展教育以最小的价格支配最大的财富的特指性，并要依此说明发达国家与发展中国家之间的关系是先进与后进的关系，在人类劳动整体性存在的意义上，根本的生存利益是一致的，而发达国家在之前为人类生存的延续做出了推进劳动整体发展的巨大贡献。对于中国实现工业化来说，还需明确的是，解决国家内部的区域发展不平衡问题，与解决发展中国家的经济发展问题，即解决发达国家与发展中国家之间的经济发展不平衡问题，基本道理是同样的。

由于教育是强国之本，教育的发展水平决定经济的发展水平，所以，在中国工业化腾飞阶段，加快转变经济发展方式，由主要依靠增加物质资源消耗向主要依靠科技进步、劳动者素质提高、管理创新转变，都需要依靠优先发展教育来实现。

推动科技进步的前提是教育的发展。教育是解决一个国家或地区科技进步需要的根本力量，没有教育水平的提高，就不会有一个国家或地区科技状况的根本性改变。在 21 世纪，发达国家或地区是依靠教育的高度发达才在科技进步方面处于遥遥领先地位，欠发达国家或地区也只有通过教育的提升才能得到无偿性的现代高智能复杂劳动创造的科学技术知识，并由此迅速提高本国的科技水平和劳动发展水平。所以，对于任何一个国家或地区的科技进步要求，教育都将永远地发挥着其他方面不可替代的重要的基础作用。

提高劳动者的素质，是教育的基本功能。一个国家或地区的劳动者素质水平高，其劳动的能力才能够强，其劳动创造的财富才能够多，其国家或地区的经济才能够发达，其人民的生活才能够富裕。而相反，一个国家或地区的劳动者素质水平低，其劳动的能力必然很弱，其劳动创造的财富必然很少，其国家或地区的经济必然落后，其人民的生活必然贫困。在现代市场经济条件下，若要解决劳动者的素质提高问题，根本的办法只能是通过国家投入优先发展教育，以此提高劳动者各个方面的知识水平进而提高劳动者的基本素质水平。只有劳动者的素质水平提高了，才能创造更多的社会财富，才能推进一个国家或地区的工业化和经济现代化发展。因此，为加快转变经济发展方式，提高劳动者素质，中国必须优先发展教育，将教育事业的发展摆在头等重要的位置。

管理的创新更需要有教育的支持。在目前条件下，中国经济运行中的管理与发达市场经济国家相比，还存在着一定的差距。不论是在国家宏观经济管理中，还是在企业微观经济管理中，刚刚走进市场经济的中国都表现出一定的不足。一个国家或地区的经济发展，既要有高新技术的投入，更要求有管理上的高智力。一个国家或地区在科技领域的开发能力，是其经济竞争力提高的基础；而另一方面，一个国家或地区还要培养出管理方面的优秀人才，实现管理的不断创新，这是其经济竞争力提高的关键。在中国工业化腾飞阶段，社会科学教育的重要作用在于将发达市场经济国家的管理经验直接引进来，普及到千千万万管理者之中，促使改革开放后的中国各个领域实现各种各样学习型的管理创新。这在迅速推动中国市场经济发展的同时，也大大地提高了中国的市场经济管理水平，较快地缩小了中国与发达市场经济国家在宏观管理和微观管理方面的差距。而且，在此基础上，教育的优先发展还将超前地培养出大批的优秀管理人才，这些经过教育而收获的宝贵人才就是中国加快转变经济发展方式和实现工业化所需要的管理创新必不可少的主体力量。

三、一定要优先发展高等教育

在中国工业化腾飞阶段，优先发展教育，关键在于优先发展高等教育。为实现经济发展向依靠科技进步、劳动者素质提高、管理创新转变，教育的实施必须使受教育者具有高昂的开拓进取精神，成为高智力的复杂劳动者，掌握现代的最先进的科学文化知识，包括自然科学的最新研究成果和社会科学的最新认识，也包括工程技术方面的最新知识和社会管理与企业经营管理方面的最新知识，而这一重任只能是交由高等教育担负。若缺少高等教育的优先发展，那么，在现今高科技迅猛发展的时代，一个国家或地区的劳动发展水平不可能不断地获得大幅度提升，一个国家或地区的教育也不可能承担起推进工业化和经济现代化发展的历史重任。因此，在新的形势下，中国优先发展教育的方针一定要具体地落实到优先发展高等教育上。除去优先发展本土的高等教育，还要向发达国家派出大量的留学生，直接去国外接受良好的高等教育，学习当代人类智慧创造的高度复杂的知识劳动成果结晶。通过实施优先发展高等教育的举措，现在处于工业化腾飞中的中国，一定能够顺利地实现工业化，一定能够在一代人或两代人之后，成为世界上新的发达国家。

1. 优先发展农业大学

发展农业是中国实现工业化的基础，在工业化腾飞阶段，优先发展高等教育必须最先落实在优先发展农业高等教育方面。优先发展农业高等教育的目的就是培养新一代的农民。这些新型的农民是实现中国农业现代化的力量和希望，是中国实现工业化的保障。

我们需要从现在的每省拥有一个农业大学发展到每个地级市拥有一个农业大学，而且省一级还可再多设几个农业大学，国家还可更多设几个重点农业大学。地市级设立的农业大学可以是两年制或两年半制的农业高等职业学院，省一级也可设立这样的两年制或两年半制的农业高等职业学院，开办这样的大学就是为了减轻办学的压力，以最短的时间尽快培养出更多的新型农民。

与其他类型的大学相比，现在迫切需要发展更多的农业大学。我们现在的医科大学不少了，文科大学也不少了，而且，不论是哪科大学，毕业生都存在就业的紧张状态，唯独在农业方面，存在广阔的就业空间。我们的农业需要大发展，但我们的大学生当农民的，现在实在是少得很，而未来的发展方向已经很清楚，就是现代化的农业生产与经营必须要求农民是受过高等教育的人，是新型的农民。所以，相比发展其他大学，目前全国最迫切需要增加的就是农业大学。按现在的估算，中国需要至少1亿大学生农民，这是一个十分庞大的数字，因为在这个世界上人口超过1亿的国家没有几个，而中国光农民就上亿。在明确中国农业的发展必须由新型农民来完成的前提下，那么合乎逻辑地讲，就必须创造一切条件，充分地给予高度的重视，在工业化腾飞阶段，优先地发展一批高质量的农业大学。

2. 优先发展尖端的工科教育

我们要实现的工业化也是新型工业化，而这个新型的工业化必须由新型高科技人才支撑，因此，在优先发展高等教育中，我们还必须优先发展工科高等教育，特别是要优先发展尖端的工科教育。

工科大学生是国家工业化的基本人才保证。在二战期间，日本将许多文科教授都送上战场当炮灰，却精心地留下了 7 万多名工科大学生不让服兵役。这些工科大学生后来成为日本实现工业化和经济现代化不可替代的中坚力量。

更重要的是，千军易得，一将难求。在工业化的战场上，更是需要有行业技术发展的领军人物。兵熊熊一个，将熊熊一窝。这既是古老的军事格言，也是现代经济学的基本原理。就中国的工业化讲，缺的不是一般的工程师和科技人才，而是一流的尖端科技人才。所以，我们做起事来，才困难得很。看一看北京马路上跑的汽车，有几辆是中国品牌，我们能不心痛吗？中国有几千家轴承厂，但还是没掌握国际一流的热处理技术。中国有十几家大型炼油厂，可用的催化剂还主要是进口的。为什么？就是因为中国缺少一流的尖端科技人才，所以缺少一流的尖端技术。

工科大学是培养工科大学生的学校，是研究工科技术的实体之一。我们在优先发展的高等教育中，必须高度重视发展工科高等教育，培养优秀的工科大学生，特别是要培养更多的能够达到国际一流水平的尖端工科人才。攻尖端，不比学习一般，需要大量的科研经费，可能 1 个尖端项目的投入，是 100 个一般项目的费用。在这种对比下，过去，我们往往愿意投入那 100 个一般项目，而不愿搞那 1 个尖端项目，结果我们只能保持在一般的水平上，而总是达不到一流的最高水平。这就是教训，是我们应该深刻记取的教训。在工业化腾飞中，我们再也不能一般化了，我们在工科的研究方面必须要追求最尖端的前沿，必须在尖端技术研究方面取得前所未有的突破性进展。

3. 优先发展工商管理学科教育

虽然我们已经实现了工业化的腾飞，但是有很多地方的经济发展还很落后。在陕西省，有20多个上市公司，却没有几个盈利的。在贵州省，总共没有几个上市公司，茅台酒还算一个，有的地区连一个上市公司都没有，甚至连不上市的公司都没有几个。我们考察贵州后，最大的感触是企业太少，工商管理学科的人才太少。凡是经济落后地区，大致的情况都与贵州差不多，落后的主要原因都是因为缺少工商管理学科的人才。针对这种情况，我们必须优先发展工商管理学科教育。

现在，中国各地的大学兴办工商管理学科教育的着实不少，但是收效甚微。问题在于，教育的路子不对。不论是工科大学办的工商管理学科教育，还是文科大学办的工商管理学科教育，都没有优势。老师教给学生许多外语，又教给学生许多案例，参考书、投影仪、讨论会等满天飞，结果会的不用教，不会的还是不会。美国的教育不用教外语，所以。外语本不在工商管理学科的教育范围之内，拿外语教学充当工商管理学科的主要课程，就是自己糊弄自己，就是词不够、曲来凑。总的来说，我们以往的工商管理学科教育，不是教给学生胆略，而是将学生吓得没了胆；不是教学生把握战略，而是教学生注重细节；不是教学生怎样勤奋，而是教学生空话连篇。所以现在的问题不是数量，而是质量。工商管理学科的教育是实战性很强的教育，不能只是就事论事地教案例，而不教思想。没有思想的挖掘，只有表面上的原因和结果的描述分析，学生是学不到点子上的，因为世界上没有两片同样的树叶，一个人不能走过两条同样的河流。缺乏市场经营的思想性教育，受教育者不可能得到实际经营能力的提高。所以，优先发展工商管理学科教育，使其为中国经济的发展提供大批优秀人才，关键是要切实提高这门学科的教育质量。

4. 优先发展民办高等教育

借鉴各个发达市场经济国家的教育经验，中国在工业化腾飞阶段优先发展教育，优先发展高等教育，必须大力地优先发展民办高等教育。这其中，包括各个学科的民办高等教育。办好民办高等教育，是中国高等教育发展的既定趋势，也是中国工业化时代高等教育发展的根本希望。

中国现在的民办高等教育，已经如雨后春笋般发展起来，北京、西安、上海、广州、成都等城市，更是民办高等教育比较集中的地方。但是，已具有相当规模的民办高等教育，不论是何地方的，走的都不是正路，基本上都是以盈利为目的的办学。民办高等教育是社会基础性产业，绝对不是竞争性的盈利产业。将民办大学搞成赚钱的经济组织，是偏离民办高等教育宗旨的，也是没有出路的。

在当今世界上，许多的著名大学都是民办大学，这些民办大学比之各国的公办大学更具有教育发展的优势。像美国的哈佛大学，就是一所民办大学，培养了许多优秀人才，从来都不以盈利为目的，从来也没有为经费犯愁，在世界上享有崇高的声誉。即使非一流的民办大学，在国外，也都是兢兢业业办学，以教书育人为己任，从未将商业化的运作摆在学校的一切事务之前。所以，总的说，各个国家的民办高等教育都取得了很好的成绩，都为发展教育事业做出了贡献。

中国的民办高等教育也要为中国的高等教育事业做出贡献，而且还应该是关键性的重要贡献。或者说，中国未来高等教育的发展主要靠民办高等教育，而不是公办大学。关于这一点，我们看看中国企业的改革历程就可以一目了然。在计划经济体制统治时期和计划经济体制改革时期，中国的企业都是公办企业，死气沉沉，改革之后，也还保持着浓厚的官办色彩，效率低而活力差。但现在，进入市场经济体制改革阶段之后，中国的企业基本上都已经改制，包括一些银行，都已经是股份制性质的企业，而其中不是政府控股的股份制企业，都属于民营经济。正是在日益庞大的民营经济发展和活跃的推动下，中国的工业化才终于实现了历史性的腾飞。所以，同样，民办高等教育也要在中国的高等教育中挑大梁。中国的公办大学规模不需要再扩大了，今后大学的新建应主要是民办大学。而民办高等教育的生命力就在于比公办大学具有更高的教育质量。未来，中国名牌民办大学的出现之日，就是中国高等教育发展的腾飞之时。

第十章　认识市场经济

中国改革开放 30 年的历程，分为两大阶段：一个是计划经济体制改革阶段，这大约用去了前 15 年的时间；再一个是市场经济体制改革阶段，这也经历了约 15 年的时间。中国的工业化腾飞就是发生在市场经济体制改革阶段。但让许多人困惑不解的是，这 15 年来，尽管我们天天高呼深化市场经济体制改革，其实对于市场经济的理解是很肤浅的，或者说还不是很清楚。不用说一般的市民，就是大学里面的经济学专业的学生和老师，也未必有几人能准确地理解和表述什么是市场经济。当然，他们背书说还是可以的，只是所有的书里面并没有解答明白这一问题。我们甚至可以查一查辞书，看看市场经济的定义到底是怎样的，但遗憾得很，没有哪里的关于市场经济的表述不是环顾左右而言他。我们不想在此引证这些辞书的原文描述，有兴趣的人可以自己找辞典或词典来看一看。所以，在经历了市场经济体制改革 15 年之后，在中国的工业化也已经腾飞了 5 年之时，我们还十分有必要从经济学理论上重新认识市场经济的涵义。

一、对什么是市场经济的误解

在 15 年前，当中国不再延续计划经济体制的时候，我们其实还并不懂得什么是市场经济和市场经济体制，我们所知道的只是不能再按照计划经济体制做事了，也就是说，我们要改变过去。因而，最简单地说，当时要改变什么，当时的人们就说什么是市场经济的。路就是这么走出来的。但经济学可不是能够像文学那样随意，本来没有路，走的人多了，就走出了一条路。经济学的研究是受客观约束的，客观的市场经济之路没有在那里，你走多少遍，或有多少人走，那也不是市场经济之路。也可以说，从一开始，我们就是朦朦胧胧的，多少知道是怎么回事，但是，距离搞明白还差得很远。这样一来，我们就一直处于对市场经济的探索之中，一路走来，留下了许多对于市场经济的误解。

1. 市场经济就是非计划经济

很多人以为，搞市场经济，就是不要计划了。当时，即 15 年前，几乎到了讨论要不要保留国家计划委员会的地步。后来还是保留了，但是名称改了，改成了国家发展和改革委员会，只是将"计划"两个字取消了。

从那时起到现在，中国的经济建设实际上并没有取消计划，只是到了 2006 年，才将计划改为规划，而规划的涵义就是更粗一些的计划，也是计划的一种，与计划并无本质上的区别。对此，也有人说，中国现在搞的是有计划的市场经济。说这种话，大多是带有贬义的。他们似乎以为，市场经济与计划是不可相容的，中国的市场经济还要保留经济计划，是不伦不类的。

著名经济学家刘国光先生认为：社会主义市场经济也需要计划。当前，国内有一种错误的认识在广为流传，那就是把"计划"一词完全贬义化。有些人主张什么都应该市场化，根本不需要计划，不需要宏观调控，政府只要充当"守夜人"就可以了。这种过度摒弃计划的泛市场化观念，很不正常，也是错误的。关于计划和市场，其实在邓小平那里就早已经有定论：计划多一点还是市场多一点，不是社会主义与资本主义的本质区别。计划和市场都是经济手段，社会主义也可以用，资本主义也可以用。他还说：强调"计划"，并不是要回到计划经济。我所指的"计划"，是在坚持市场取向改革的同时，必须有政府的有效调控干预，对市场的缺陷加以纠正，有必要的计划协调予以指导。建立社会主义市场经济体制，就是要把市场作为资源配置的基础方式和主要手段，那就是把社会主义市场经济作为一种新的经济制度来看待。那么，"计划经济"作为一种经济制度，计划作为资源配置的基础方式和主要手段，是否就不能再起作用了。至少在社会主义整个初级阶段，不能起决定作用，那是再也明显不过的道理。但作为经济制度的"计划经济"，与市场经济制度前提下的"计划调节"却是不能混为一谈的。这里说的计划调节包括：战略性指导性计划，必要的政府对经济的管理和调控等等。[①]

不论是过去，还是现在，我们都不可能没有计划。所以，市场经济不是非计划经济，市场经济与计划经济并不对立，因为只要国民经济有计划在内就是计划经济。就此而言，搞得最好的市场经济，也就是搞得最好的计划经济。我们现在搞市场经济，实质只是要摒弃传统的计划经济体制，并没有不要计划经济。

2. 市场经济就是政府退出

更为普遍的一种错误认识是，市场经济就是不要政府介入，就是自由主义经济，在市场经济中政府要全部退出，远离市场。

---

① 刘世昕：《社会主义市场经济也需要计划》，《中国青年报》，2006 年 3 月 20 日。

一说到市场经济的建设，有人就讲，政府退出市场的效果如何，政府还应当怎样继续退出市场。这种说法对于市场经济的认识，就是一种没有政府作用在内的经济状态。

在关于市场经济与计划经济的讨论中，有人认为：市场经济就是商家生产商品，然后拿到市场上去卖，市场上的价格和销售都是由市场控制的，一般要卖的货品比要买的人多的时候，价格就会下降，如果少的时候，价格就会上升。这种经济可以促进生产的积极性，但是很盲目并且调节很滞后。计划经济是政府对价格和市场上的供求量的大小进行调节的一种方式，具有目的性，但是不能充分发挥市场机制的运行。计划经济就是指所有的资源都由国家按计划来协调分配。在计划经济下，企业都是国有的，企业的盈亏都由国家承担，大家都吃大锅饭。所以，在计划经济条件下，大多数企业的效率不高，竞争意识不强，工作效率低下，资源浪费十分严重。所谓市场经济是针对计划经济而言的，它指的是市场在资源配置中起决定性作用，由价值规律来协调资源的流动。市场经济强调企业的效率和竞争意识，坚持优胜劣汰的原则。因此，更有利于资源的优化配置。①

这种认为市场经济就是政府退出的错误来源于将市场经济与计划经济相对立的认识。在这些人看来，好像政府全部退出市场了，中国的市场经济就成功了。其实，哪有这种事。我们可以看一看世界上所有的发达市场经济国家，哪一个国家的政府是退出市场了。没有，一个也没有。相反，那些国家的政府都比中国政府在市场上支配的资源比重要高。正是由于这样，在探索了多年之后，中国的经济学家们基本上也都认识到，各级政府都是市场经济中不可或缺的主体。

---

① 百乐题：《什么是市场经济和计划经济》，载 http://cn.blurtit.com。

3. 市场经济就是商品经济

这 15 年来，在中国的市场经济体制改革中，有些对传统经济学研究得很深的人一直是用商品经济解释市场经济，将商品经济与计划经济相对立。在他们的思想深处，所谓的市场经济就是商品经济。

譬如，有人讲：市场经济概念在当前比较难理解，甚至可以说比较模糊。在经典的马克思主义经济学理论那里，市场经济的概念是清晰的，就是资本主义、资本主义商品经济。但是，邓小平同志明确指出，市场经济不等于资本主义，似乎突破了经典马克思主义理论，这应该怎么理解呢？有林同志在《全面理解邓小平关于计划和市场问题的论述》一文中，认为这是就市场经济的一般（一般性）而言的，即商品经济以及作为商品经济极度发展的市场经济，就其一般性来说，无非是指为交换的目的而进行生产并经过交换而实现其价值的经济。笔者认为有林同志的看法是有道理的，所谓市场经济的一般（一般性）就是商品经济一般，邓小平同志所说"市场经济不等于资本主义"，实质是说商品经济不等于资本主义，实质是说商品经济一般不等于资本主义。马列主义、毛泽东思想、邓小平理论是一脉相承的，作出其他理解都有可能破坏这种一脉相承的关系，恐怕是不妥的。这样，问题就迎刃而解了，邓小平同志的论断完全符合经典马克思主义。通过上面简单分析，可以知道，只有当市场经济特指资本主义、资本主义商品经济时，才成为独立的、完整的社会经济运行形式，而当市场经济作为商品经济一般概念使用时，并不具有独立的、完整的社会经济运行形式的意义。①

---

① poguanzi 的个人空间：《市场经济的本质特征是什么?》，载 http：//my. tv. cctv. com。

但是，如果说，市场经济就是商品经济，那我们还有必要将建设有计划的社会主义商品经济转换成建设社会主义市场经济吗？我们一定要明确，15 年前提出进行市场经济体制改革是具有重大转折意义的。将市场经济说成就是商品经济，无论如何解释不了这一重大转折的意义。

对此，我们真正应该解释的是，为何市场经济不同于商品经济，或是说，市场经济到底与商品经济有何不同。

经过以上分析，一个十分清楚的逻辑摆在了我们面前，从客观的角度认识，市场经济与计划经济并不对立，市场经济与商品经济也并不相同。

以上分析的说法都是流行至今的，所以，我们不能不说，以前，在市场经济体制的改革中，实际对于什么是市场经济一直存在着各种误解。

二、市场经济的定义

为了准确认识市场经济的涵义，对市场经济做出科学的定义，提升我们对市场经济的理论认识，在中国工业化腾飞阶段有力地推进市场经济体制改革，我们先要根据经济学研究已经取得的共识确定市场经济是一种社会经济形态。

从古至今，人类社会的发展一共经历了三种社会经济形态：自然经济、商品经济、市场经济。

自然经济的特征是不存在市场交易关系，劳动者的生产资料是自有的，劳动者生产出来的劳动成果是自用的。

商品经济的特征是存在一种市场交易关系，即劳动成果市场交换关系。在某种意义上说，这种社会经济形态中生产劳动成果的人或组织的生产资料也是自有的，只是他们的劳动成果除了自用以外还有一部分是用于交换的，或是全部劳动成果都是用于交换的。问题是，只要有了部分的劳动成果交换，人类社会就进入了商品经济时代。

市场经济的特征是存在两种市场交易关系，即比商品经济多出了一个生产要素市场，这是市场经济与商品经济相比的根本不同之处，也是市场发展的结果。这就是说，在商品经济条件下，只存在劳动成果交换市场；而出现生产要素市场之后，人类社会就从商品经济时代进入到了市场经济时代。

从只有劳动成果交换市场到生产要素市场出现后与劳动成果交换市场并存，是市场的发展，也是人类社会经济发展历程中的一次重大的飞跃。这首先表现出市场交易关系的复杂。在商品经济中，市场交易关系只表示市场交换关系，即所谓的市场关系就是交换关系，除此之外，没有别的市场关系。在市场经济中，市场交易关系分为两种：一是市场交换关系，再是市场契约关系。市场经济的交易关系比之商品经济的交易关系，多出了一个市场契约关系的不同内容。事实上，这种市场契约关系不存在于劳动成果交换市场，只存在于生产要素市场。生产要素市场的产生表明市场契约关系的出现。这也就是说，在生产要素市场，人们之间的交易不是交换关系，而是契约关系。生产要素市场主要包括：土地及其他矿产资源市场、资本市场、劳动力市场。由于生产要素的配组已经高度资本化，所以，在发达市场经济中，土地及其他矿产资源市场已经为资本市场所涵盖，生产要素的配组仅仅限于资本市场与劳动力市场的运作。而在资本与资本之间、劳动力与劳动力之间、资本与劳动力之间，它们的市场关系就表现为契约关系，而不是交换关系。由生产要素的配组而形成的企业是契约组织，在这一组织内，资本与资本之间不是交换关系，劳动力与劳动力之间也不是交换关系，资本与劳动力之间更不是简单的交换关系，它们之间全都是市场契约关系，是生产要素组合间的市场契约关系。这是一种市场高度发展之后才出现的经济关系，是不同于市场交换关系的又一种市场交易关系。在这种市场关系中，交易的双方或各方并不是相互交换劳动成果，而是将自己所拥有的生产要素与他人拥有的生产要素组合起来，以形成新的生产能力，在组合中各方之间签订契约，以确定组合各方在生产中的权力和责任以及对劳动成果如何进行分配。在资本市场进行这种组合是契约关系，在劳动力市场进行这种组合也是契约关系。现代新制度经济学研究的契约理论主要就是研究这种契约关系，从双头合约到多头合约，讲的都是生产要素配组中握有产权的人们之间的契约关系，这是对市场经济中新的市场交易关系做出的新的研究和概括。[①]

新制度经济学的理论研究表明，在市场经济条件下，不能将所有的市场关系都归纳为市场交换关系，在传统的市场交换关系之外，还有反映企业契约组织形成的市场契约关系，这是生产要素市场的交易关系，是构成社会生产组织的市场化关系，是超越简单的市场交换关系的又一种市场经济关系，是与市场交换关系在市场经济条件下并存的又一种市场交易关系。新制度经济学理论解释了19世纪经济学无法解释的问题，即只用交换关系无法解释所有的市场交易行为，包括资本家与雇佣工人之间的经济关系。站在21世纪的高度，人们对于市场经济不同于商品经济的特征看得更清楚了，即对于市场的发展形态有了更进一步的理性认识。

由此，我们可以对15年的市场经济体制改革以来人们一直困惑不解的不同于商品经济的市场经济做出如下定义，即市场经济

---

① 陈佳贵等编著：《企业经济学》，经济科学出版社，1997。

是在商品交换市场发达的基础上又进展形成生产要素市场的社会经济形态。

根据以上定义，我们可以明确地指出：商品经济只有一个市场，即只有商品交换市场；而市场经济有两个市场，即商品交换市场和生产要素市场。市场经济与商品经济的不同就在于商品经济不存在生产要素市场，而市场经济存在生产要素市场。人们所讲的市场经济通过市场配置资源，指的就是通过生产要素市场配置资源。如果只有商品交换市场，没有生产要素市场，那就只是商品经济，那就只能是生产者通过市场实现各自的劳动成果的交换，而无法实现通过市场进行生产上游的资源配置。

三、现代市场经济的主要标志

市场经济是拥有两大类市场的社会经济形态，这是我们上一节给予确认的。从 21 世纪的中国发展市场经济和完善市场经济体制的角度讲，我们还需要进一步明确传统的市场经济与现代的市场经济的区别。

只要是市场经济就拥有生产要素市场，但在传统的市场经济中，生产要素市场还没有高度发达；而现代市场经济中的生产要素市场已经高度发达了，其中最为重要的是资本市场高度发达。因此，与传统的市场经济相区别，现代市场经济的主要标志是建立了高度发达的资本市场。

在此，我们需要特别地强调，资本市场并非仅指股票市场，而是包含更多内容的资本运作关系，包括以下方面包括股票市场在内的各类市场。

1. 股票市场

从现在来看，也许任何人都不能否认，中国市场经济体制改革的突出成就之一是恢复建立了股票市场。我们说，在改革进行了 30 年之后，大力发展资本市场，必须更进一步地规范和发展股票市场，推进风险投资和创业板市场建设。我们应该力争在中国股票市场建立 20 年之际，使这一已经拥有 1 亿多股民的重要的资本市场的建设能够达到现代国际通行的规范水平。

在中国的工业化腾飞之后，中国的经济总量已经排在了世界第四位，2007 年的 GDP 总量已经超过了 24 万亿元人民币。相比之下，中国已经起步的股票市场的规模还太小，远远没有达到与经济发展相应的市场容量要求。

在以往的发展中，中国股市容纳的民营企业很少。这不符合市场经济体制的要求，也与股票市场本身的功能作用相悖。在世界各地，股票市场都主要是民营企业的直接融资渠道，政府控股的企业很少进入其中。因此，按照国际惯例，中国今后的上市公司，也应主要是民营企业。这也就是说，中国的股票市场要在今后支持民营企业的发展中，发挥更大的作用，为更多的民营企业上市开绿灯。

上市银行是兼具证券风险和银行风险的企业。因此，在上市公司中，上市银行是相对风险较大的群体，必须特别加强监管，防止在证券市场上出现银行的经营风险问题。如果上市银行产生这样或那样的信用危机，那影响将是巨大的，将是极具市场震荡作用的，将会冲击整个国家的金融体系。

2. 企业债券市场

企业债券市场是重要的资本市场，是范围最广的企业直接融资渠道。从资格上讲，企业不可能都上市发行股票，但企业都可以申请发行本企业债券。在以往，许多中国企业对发行债券不感兴趣，证券市场监管机构也没有在这方面做更大的努力。而现在，在中国工业化进入腾飞阶段之后，国家的宏观调控应在引导企业发行债券上取得新的成效，积极扩大债券市场，完善和规范发行程序，扩大公司债券发行规模；大力发展机构投资者，拓宽合规资金入市渠道。2006 年，中国全年发行企业债券 1015 亿元，比 2005 年增加 361 亿元。[①] 2007 年，不包括短期融资券，中国全年发行企业债券 1710 亿元，比 2006 年增加 695 亿元。[②] 这是好的趋势。今后，需要进一步建立统一互联的证券市场，完善交易、登记和结算体系，规范建立发债机构和债券信用评级制度，促进企业债券市场更迅速地兴起和健康发展。

3. 国债市场

国债市场是现代资本市场的重要组成部分，是市场经济条件下国民经济的晴雨表。国债市场的运行机制不完善，影响这一资本市场的作用发挥，也影响整个国民经济的宏观调控。作为一种信用工具，在现代市场经济中，国债是政府筹集的资金用来进行经济建设投资的，同时也是用来供进行宏观金融调控的中央银行开展公开市场业务使用的。过去在一个较长的时期内，中国的国债发行对象主要是居民个人，而不是金融机构，即财政部门的国债主要是发给了居民个人，很少向商业性金融机构发行国债。在这样的国债市场中，中央银行根本无法规范地开展公开市场业务，

---

① 中华人民共和国国家统计局：《中华人民共和国 2006 年国民经济和社会发展统计公报》，载《人民日报》，2007 年 3 月 1 日。

② 中国人民银行货币政策分析小组：《中国货币政策执行报告》（二〇〇七年第四季度），《金融时报》，2008 年 2 月 23 日。

与商业银行等金融机构之间买卖国债。而在没有公开市场业务的情况下，宏观金融调控的功能是残缺的，也是丧失调控的灵活性的，并由此影响国民经济宏观调控的灵活性和效果。因此，在改革开放30年之后，在中国工业化腾飞的进程中，我们必须改变以往的国债市场运行机制，从宏观上调控国债市场，让财政部门以直接面向商业银行和非银行金融机构发行国债为主，而不再继续以面向居民个人发行国债为主，即要按照现代市场经济的要求完善这一市场。只有这样，中国宏观金融调控的焦点才能像其他发达市场经济国家一样落实在国债市场上，中国的中央银行才能规范地开展公开市场业务，积极地完善货币政策运作的调控手段。①

4. 借贷市场

改革进行了30年之后，中国国民经济运行中变化最大的将是银行业。以前的金融改革只是硬件改革，而今后将是软件改革。由发展是硬道理转为以人为本，在国有企业改革发展到全面的改制之后，银行业的改革将成为中国市场经济体制改革的主角。目前，国有银行已经上市、资本市场股权改革、人民币汇率形成机制等，都显示国家大力改革金融业的决心。在国家对借贷市场的宏观调控中，重要的并不是调整利率、准备金率，而是要将中国的银行业推向国际惯例的轨道上去，要将借贷市场的运作与国际市场的融资方式直接接轨。在国际上，不论是哪个国家，其银行借贷的规则都是一致的，既有原则性，又有灵活性。这样务实的要求合法性和可行性的借贷管理惯例是中国银行业应该学习借鉴和理性接受的。中国的银行业不能再延续传统的做法，又繁琐，又不实用，总是造成很多的呆、坏账目，而且，还夹杂着许多的

---

① 钱津：《论虚拟经济下的宏观调控》，载《开放导报》，2006（6）。

人际关系或权势旨意。这就是说，中国银行业借贷市场的整顿在于与国际惯例的接轨，在于从制度的改观上进行宏观调控。这是在虚拟经济领域进行的又一种对资本市场的宏观调控，这种宏观调控的作用将大大改变中国借贷市场的面貌，将使遵守国际惯例的规范的借贷市场在中国工业化的腾飞过程中乃至更为长久的市场经济建设中发挥出更大的作用。在中国借贷资本市场中，必须坚决制止和纠正违法违章的集资、拆借等融资活动。

5. 产权交易市场

产权交易市场是资本市场的重要组成部分，是现代市场经济中不可缺少的生产要素配置市场。中国的产权交易市场，最初是由交易国有企业的产权起步的，所以，一直是由政府部门组建事业单位操作的。这样的市场形成历史，具有中国特色，也是颇为艰辛的。由于国有企业的改革长期徘徊，这在很大程度上影响了产权交易市场的发展和发挥作用。进入 21 世纪，随着中国工业化的腾飞和国有企业改革的推进，产权交易市场的作用将在资本市场中得到越来越多和越来越重要的发挥，不仅为国有企业的产权交易提供服务，而且还要面向全社会发挥市场交易作用。在进一步的发展中，产权交易还需有更大的市场拓展。比如，现在北京市的产权交易市场就是以知识产权的交易为主，在其他地区也开展了共有产权的交易。但从今后市场发展的要求讲，产权交易的拓展应在于大型企业对中小型企业的跨行业跨地区跨所有制的并购重组方面。

6. 企业资产保险和再保险市场

保险市场的发达标志着市场经济体制的成功和现代市场经济的发达。企业保险进行市场化的改革，就是要将资产保障的任务推向保险市场，而不是由政府行政统包下来。因此，在完善市场经济体制中，在进一步地推动资本市场的发展中，中国需要像其他发达市场经济国家一样，积极地发展企业资产保险和再保险，促使各类保险市场在工业化腾飞时期和以后更长时期内获得长足的发展。物权法的实施为企业资产的保险奠定了市场运作的基础。再保险是与保险的市场发展紧密相连的，只有保险市场发展了，再保险的市场才能跟进。中国加入世界贸易组织之后，世界各国的保险公司纷纷进入中国保险市场，这对于中国保险市场的扩大和规范将起到积极的示范和促进作用。

第十一章　新技术革命影响

在 20 世纪中叶爆发的新技术革命，有人称为第三次浪潮，距今已有半个世纪过去了，到了 21 世纪还在发挥着深远的影响。那是在 20 世纪自然科学理论重大突破的基础上产生的改变人类生存方式的一场大革命。

现在看来，新技术革命是现代高新技术产生和发展的根本因素。目前，国际上公认的高新技术领域，包括信息技术、生物技术、新材料技术、新能源技术、空间技术和海洋技术等等都是起自新技术革命。① 在中国工业化腾飞阶段，我们需要深刻地认识新

---

① 这些影响世界的新技术主要包括：信息技术，主要指信息的获取、传递、处理等技术，包括微电子技术、计算机技术、通信技术和网络技术等。在新技术革命中，信息技术处于核心和先导地位。生物技术，是应用现代生物科学及某些工程原理，将生物本身的某些功能应用于其他技术领域，生产供人类利用的产品的技术体系。现代生物技术主要包括基因工程、细胞工程、酶工程、发酵工程和蛋白质工程。生物技术被认为是有可能改变人类未来的最重大的高新技术之一。新材料技术，主要研究新型材料的合成。新材料技术在高新技术中处于关键地位，高新技术的发展紧密地依赖于新材料的发展。新能源技术，主要进行新能源的研究和开发，从多方面探寻发展新能源的途径。新能源主要指核能（原子能）、太阳能、地热能、风能、海洋能、生物能、氢能等。空间技术又称航天技术，通常指人类研究如何进入外层空间、开发和利用空间资源的一项综合性工程技术，主要包括人造卫星、宇宙飞船、空间站、航天飞机、载人航天等内容。空间技术，是现代科学技术和基础工业的高度集成，体现了一个国家的综合实力。海洋技术，包括进行海洋调查和科学研究、海洋资源开发和海洋空间利用，涉及海底石油和天然气开发技术、海洋生物资源的开发和利用、海水淡化技术、海洋能发电技术等方面。海洋技术是大有发展潜力的高新技术。（参见百度百科：《新技术革命》，载 http：//baike. baidu. com）

技术革命对于 20 世纪世界经济发展和中国工业化的影响，需要明确新技术革命与 21 世纪中国人民生活变化之间的联系。

一、人类劳动发展的重大转折

新技术革命改变了人类的生存方式，是因为推进了人类劳动工具的创新，由此使得人类能够在与自然更好地交流的水平上生存。

1. 延展脑力作用的劳动工具出现

人类劳动工具的发展推动人类劳动的发展，人类劳动的发展推动人类生活水平的提高，并可由此改变人类的生存方式。所以，人类如何生存，是与其拥有的劳动工具直接相关的。在新技术革命之前，人类所有的劳动工具几乎都是延展肢体作用的，汽锤延展了人的臂力，牛车、马车、汽车、火车，还有飞机，都是延展了人的脚力，车床、刨床、铣床、磨床等是将人手的作用发挥到极致，万吨水压机力大无比也是在延展人的肢体作用。任何劳动工具都是人类智慧的结晶，但是，延展人的肢体作用的劳动工具却不能表现出对于人的脑力作用再做延伸。在这其中，也许中国的算盘是一个例外，它可以帮助人们运算很复杂的数据，而本身又十分的简单。在这样的历史的延续下，新技术革命就显示出了它的巨大作用。因为，在新技术革命中，出现了延展脑力作用的劳动工具，这就是电子计算机的出现，或者说，就是出现了电脑。除算盘外，电脑与人类以前所有的劳动工具都不同，这种劳动工具是以延展脑力作用为主的，这种劳动工具的出现使人类劳动的发展进入一个新阶段，使人类社会的发展进入一个新时代。

到目前为止，许多中国人用电脑只是玩电子游戏，甚至有的还玩出来了像吸鸦片一样的网瘾，一发不可收拾，使电脑不得不背上罪名。但是，我们说，从出生到现在，电脑的问世可不是只用来玩电子游戏的，电脑是地地道道的劳动工具，是为了能够使人类创造更多财富的劳动工具。与体力相比，在人类的劳动中，脑力是更重要的。过去，人类的劳动工具创造，都主要是依靠脑力来实现的。人类用自己的智慧创造了延展肢体作用的劳动工具，可以代替自己的体力去工作，但是却一直未能创造出劳动工具代替自己的脑力去工作。正因此，在新技术革命中出现了延展脑力作用的劳动工具是具有划时代的重大意义的，这是人类劳动发展中的重大转折。从此以后，人类就可以使用自己创造的劳动工具代替自己的脑力去工作。这样，就使人类劳动发挥出更为巨大的威力，能够创造出前所未有的巨大的劳动财富，能够使人类的生存方式发生巨大的变化。

在农耕经济时代，四体不勤，五谷不分，是很可耻的，或者说，简直就是社会的废人，百无一用。那时的人类劳动主要是体力劳动，劳动工具主要是延展肢体作用的劳动工具，人们从事的劳动主要是农业劳动，所以，缺少农业劳动实践不仅仅表示农业劳动的技能不够，而且说明与社会不能相容。然而，到了现时代，如果一个人不能熟练地使用电脑，那他也就同过去五谷不分的人一样，与这个飞跃发展的社会不能相容。如果是已经超过劳动年龄的老年人或接近退休年龄的人，那就不必苛求他学习电脑知识了；而如果是年轻人，那就一定不能"五谷不分"，也就是说，一定要掌握电脑这种新的劳动工具。

2. 新时代高科技复杂劳动的创造

在现时代，电脑是人类最主要的劳动工具，是人类劳动高度发展的标志。这也就是说，人类劳动的发展已由使用延展肢体作用的劳动工具为主转化为使用延展脑力作用的劳动工具为主，更大生产力的实现是以劳动工具的转换为条件的。中国古人讲，工欲善其事，必先利其器。讲的就是这个道理，说明劳动工具的发展更新，对于劳动的发展创造是极其重要的。现实告诉我们，自从有了电脑，这个世界就变得不一样了。

在新技术革命中和新技术革命之后，创造电脑、更新电脑和使用电脑创造的人是现代社会的科技精英，他们的劳动是这个时代的高科技复杂劳动，是社会财富创造的最大源泉。普通的人是没有他们那样大的创造力的，而他们的创造力一方面来自天才的头脑，一方面源自他们对于电脑的高技能使用。电脑可以帮助这些高技能的复杂劳动者将人类的智能潜力充分地挖掘出来，并现实地转换成社会生产力，这不是一般地玩玩电脑游戏或只会使用电脑打字的人所能理解的。电脑是当今社会最先进最重要的劳动工具，电脑创造了人类的新社会，创造了人类新的生存条件。

高智力复杂劳动者与电脑相结合的劳动创造是具有极大的社会冲击力的。这表现在上能飞天，下能入地。过去，我们学习大庆精神，特别崇拜那种奋不顾身的勇敢战斗精神，留下的最深印象是钻井工人在井台上表现出的英雄气质，手握卡钳，昂首挺胸；而有一次去大庆油田参观才知道，石油工业是最早使用电子计算机的产业之一，科技劳动者需要使用电子计算机分析地下的地质构造情况，打出石油来决非我们想象得那么容易。再说飞天，美国的航天飞机飞来飞去，中国的嫦娥卫星也去围绕月球转了，从劳动工具的使用讲，这都是电子计算机的功劳。没有电脑，还只是停留在延展肢体作用劳动工具的发展水平上，我们没有进入航天时代的可能。

在新技术革命之后，各个国家之间经济发展水平差距拉开的根本原因是劳动水平的差距存在。而劳动发展水平落后的国家就主要表现在对于延展脑力作用劳动工具的学习和使用的落后上。这也就是说，目前的发达国家，从劳动的作用讲，主要是依靠高智力复杂劳动者与延展脑力作用劳动工具相结合才取得经济发展的突飞猛进，才实现经济高度发达的；而目前的发展中国家主要是由于种种原因，在这方面差了一步或几步，才导致经济发展落后和社会的发展落后于新的时代。所以，在中国工业化腾飞阶段，我们更应该清楚地看到延展脑力作用劳动工具推进社会经济发展的作用，以便我们能够更好地像发达国家一样地发挥这种劳动工具作用，实现我们的工业化。

二、打破人类思维方式的封闭性

新技术革命推动人类劳动的发展实现重大转折，是以延展脑力作用劳动工具为主创造了一个新的世界。但这还是从表象和结果的方面认识新技术革命的作用。而要是更深刻地认识新技术革命之后与新技术革命之前的时代变化，那就要从人类的思想发展层次来说，新技术革命最重要的贡献是打破了人类思维方式的封闭性。

1. 爱因斯坦的理论贡献

打破人类思维方式的封闭性，这对于人类的生存延续，是具有根本性意义的。这一思想的突破，要归功于人类在那个时代得到的大科学家爱因斯坦。1905 年，当时并不为人们看好的爱因斯坦发表了 5 篇物理学论文，其中 3 篇对于后来的新技术革命产生了重要的影响。在爱因斯坦的著作中，显示出了他与前人不同的思维方式。爱因斯坦的创造性思维方式造就了人类的新时代，这就是他的思维方式打破了原有的人类思维方式的封闭性。

在爱因斯坦之前，人类的思维方式是封闭的，是限于人类生存的封闭的地球有限的空间看问题。由于时代的限制，从来没有人想到人类需要生存，需要发展，需要到人类生存的地球以外去认识自然与自身。爱因斯坦的伟大之处正是在这里体现的。所有的人都没有意识到的自然问题，爱因斯坦给予了认识的突破，他将人类的认识视野和认识能力大大地提升了，提升到在这之前人类思想从未到过的宇宙外层空间。实际上，爱因斯坦一辈子都没有离开过地球，但是，他的思想实验室是建立在宇宙太空的。由于双脚并没有离开地球的爱因斯坦是从宇宙认识自然规律，他对于自然规律认识的深度和广度就是站在地球上认识自然规律的科学家们远远不可相比的。所以，爱因斯坦代表了人类认识史上的一个新时代——爱因斯坦时代，超越了引领欧洲工业革命的牛顿时代。准确地讲，爱因斯坦并没有否定牛顿，而是超越了牛顿。牛顿从地球上看，看到苹果落地的万有引力；爱因斯坦从宇宙看，看到光的速度；牛顿从地球看，看到杠杆原理；爱因斯坦从宇宙看，提出相对论原理。这不仅仅是爱因斯坦与牛顿的不同，而是时代的不同，是思维方式的不同。20世纪自然科学发展的结果表明，打破人类思维方式的封闭性，其作用是巨大的。电子计算机的技术就是在人类的思维方式封闭性被打破后创造的，打破人类思维方式的封闭性直接引起了新技术革命，引起了人类劳动发展的重大转折。现在，我们用的电脑、手机、网络等等，都不是牛顿的经典力学能解释的，这必须要用爱因斯坦的理论作为认识的基础。说起来已经是非常神奇的了，我们在北京轻轻地按一下手机，瞬间在美国的亲友就能听到我们的声音，这在新技术革命之前是想都不敢想的事，而现在这是人人都看得见的事实。

爱因斯坦对于人类的贡献是巨大的。可是，在中国改革开放之前，爱因斯坦在中国是被批判的，这是一种无知的批判，是愚昧的人对于智慧的人的批判，十分的可悲。这种批判的结果是中国的落后，是中国的经济不发达，是中国与世界拉开了很大的距离。日本早在 44 年前就实现了工业化腾飞，而中国只是在 4 年前才实现工业化腾飞。所以，愚昧导致落后，这种事情不能再在中国发生了。进入工业化腾飞阶段的中国应该尊重爱因斯坦，应该看到人类打破思维方式封闭的重要性。

2. 新时代科学研究的自然观

从自然科学的研究讲，打破人类思维方式的封闭性之后，就形成了一种不同于以往的自然观。这种自然观就是爱因斯坦的自然观。这是新时代科学研究的自然观，不是传统的牛顿时代的自然观。新技术革命的出现就是新的自然观的作用表现，新技术革命之后技术进步仍然要以新的自然观为基础，或是说，在没有更新的重大理论突破之前，全人类的科学研究都要以爱因斯坦的自然观为基础，不能搞倒退，即不能不以新的自然观为基础又退到传统的自然观去。

爱因斯坦的自然观就是体现人类打破自身思维方式的封闭性之后推动现代科学技术发展的基础自然观。这是包括认识宇宙在内的大自然观，不是仅限于认识地球空间的小自然观。在新技术革命之后，从事科学技术研究的复杂劳动者需要自觉地坚持爱因斯坦的新自然观。能不能坚持新自然观，效果是不一样的。在发达国家的科研教育领域，从事各种研究的复杂劳动者基本上都能自觉地做到坚持新自然观；而在经济落后的发展中国家，许多的科技工作者还缺乏转变自然观的自觉性，还是坚守在传统的自然观基础上，对于新技术革命引起自然观变化的深刻性认识不足，处于很保守的思想状态。如果是这样，那对于一个国家的经济发展的影响是很糟的。

好像中国改革开放之后，大学里受到的思想冲击不少，但却还没有深刻地触及人们的自然观。所以，一些人表面上思想很激进，表示愿意创新，愿意放弃因循守旧，结果还是雷声大雨点小，纵有雄心壮志，没有上佳成果。问题就在于，这些希望走在科技前沿的人在自然观基础上还是旧的，这严重地限制了他们的发展和贡献。甚至，直到如今，这些人中有的人还不知道爱因斯坦的新自然观是怎么回事。这是可悲的，真正可悲的。一个国家的落后，经济只是表面，思想的落后才是最根本的。对照新技术革命的影响，我们应该好好看一看自己的不足，尤其是在思想发展方面的不足。如果这些深层的问题不能得到及时的解决，那对我们的工业化顺利实现是有阻碍的。所以，我们现在必须高度重视这一深层次的思想认识基础问题，根据工业化腾飞的需要，彻底解决中国科学界包括社会科学界的自然观陈旧落后问题，在最基础的思想层次引进新技术革命的成果，使我们的科学技术界和经济管理界的精英们能够更好地为国家的强盛和人民的幸福贡献他们的力量。

我们的基础自然观实现彻底的转换之后，企业才能更好地自主创新。也许，有人要问，这自然观与自主创新有什么关系。我们说，这关系可大了。自主创新就是要走在别人的前面，而如果是基础自然观落后，那他就不可能走在别人的前面了，他的自然观基础的落后就注定了他不可能完成走在别人前面的自主创新任务。所以，在中国工业化腾飞阶段，能不能建立新的基础自然观，对于企业实现自主创新也是重要的基本前提条件。

三、新技术革命与中国工业化

中国的工业化是从 20 世纪 50 年代开始的，也就是从新中国建国之后开始的，这个时期正是世界范围内的新技术革命的兴起时期。所以，实际上中国的工业化是与新技术革命大约同时起步的，中国的工业化与新技术革命的兴起和发展有着紧密的联系。

1. 新技术革命导引中国工业化

新技术革命的兴起和发展改变了整个人类世界，也始终一路伴随着中国的工业化，影响着中国的工业化。中国的工业化是在新技术革命的导引下逐步走向腾飞的。虽然在 1978 年之前，也就是 30 年之前，中国是闭关锁国的，但即使在那时，中国也并非是铁板一块，与外界没有一点儿联系。可以说，在那个时期，新技术革命对于中国的影响一直是存在的，只不过由于我们自身的原因，对其影响排斥较大而接受较少。中国的工业化是在原苏联的帮助下起步的，而苏联是直接受到新技术革命影响的，也是新技术革命中的主要力量之一。这也就是说，在中国的改革开放之前，中国的工业化受到的新技术革命影响主要是来自新技术革命中苏联方面的影响。而在那一时期，即新中国建国的初期，20 世纪 50 年代，在苏联的各方面帮助下，中国初步地奠定了工业化的基础。[①]

中国改革开放后，新技术革命在全世界范围的影响直接进入迫切地亟待工业化的中国。首先是电视冲击波。其实，那时的电

---

① 董志凯、吴江：《新中国工业的奠基石》，广东经济出版社，2004 年。

视已经在发达国家普及了，而这时才在中国兴起，才刚刚引起中国工业界的警醒和不顾一切的追击。几乎是在几年之内，中国各地蜂拥而起，从国外先后引进了约120条电视机生产线，开始时是生产黑白电视机，很快就转入生产彩色电视机，中国的电视机工业就是这样在国外的影响下付出了相当大的代价发展起来的。现在，彩色电视机已经普及地进入了广大的中国家庭，包括一部分中国农村家庭。其次是电脑冲击波。这种延展脑力作用的劳动工具在改革开放后开始大量地影响中国的工业化，越来越多地装备在生产线上和办公设备上，而后就是越来越多地进入了个人的生活空间，中国成为世界上急速发展计算机行业的国家，中国的工业化得益于计算机技术在中国的普及和发展。再次是手机冲击波。从砖头一样的手机引进，到如今小巧玲珑的手机人手一部，中国社会发生了巨大的变化，这也使中国的信息化产业得以迅速提升，成为中国工业化中最为兴旺的产业之一，为中国的工业化搭建了新的平台。还有化工冲击波、汽车冲击波、住房冲击波、服装冲击波，冰箱、空调、洗衣机等家电冲击波，所以，中国改革开放的过程，也就是在新技术革命的影响下，中国的工业化迅速得到提升的过程。

进入工业化腾飞阶段之后，中国社会对于新技术革命的影响作用的认识更深刻了。这时中国的工业化遇到的最大的冲击波是钢铁冲击波。世界炼钢技术的改进最终推动中国工业化时代的钢铁产业腾飞，这使中国的钢铁产量占到了全世界的三分之一，使中国成为世界第一的产钢大国。所有的炼钢人都知道，没有炼钢新技术的突破，中国的钢铁产业腾飞是不可能的。钢铁是工业的食粮，钢铁业的腾飞对于中国工业化的腾飞是至关重要的。通过钢铁业的巨大发展变化，我们可以实实在在地看到近期内新技术革命对于中国工业化的影响。

2. 中国的工业化是新型工业化

在世界范围的新技术革命的影响下，中国即将实现的工业化是一种新型工业化。这种新型的工业化就是以信息化为导引和支撑的工业化。这从根本上说是不同于传统的非电脑时代的工业化。

新型工业化是排斥夕阳工业产业的工业化。在现阶段，发展中国家的工业化不能再走过去的老路，不能在21世纪再复制出来一个20世纪工业兴国的模型。随着现代高新技术的发展和人民生活习惯的改变，一些工业产业已经成了夕阳产业，如烟草工业、火柴工业、搪瓷工业、电子管工业、酿酒工业、罐头食品工业等等，其发展前景暗淡，生产规模均在收缩之中。而在发达国家实现工业化的阶段，这些工业都曾经辉煌过。所以，中国的工业化腾飞不能再继续依靠这一类产业支持。目前，中国的烟草工业仍是利税大户，受到各地的重视，发展欣欣向荣，这是背离新型工业化要求的，是必须痛下决心改变的。新型的工业化排斥夕阳产业是从社会总体效益上认识的，中国同每一个正在为实现工业化而努力的国家一样，必须理性地认识这一点，即必须排斥夕阳产业发展，自觉地走新型工业化之路。

新型工业化是工业比重下降的工业化。在发达国家实施工业化的年代，工业在国民经济中的比重是逐步上升的，工业化程度与工业比重上升是同步的，因而工业的强盛表现出国家经济的强盛。但是在新技术革命时代，在信息技术高度发达并极大地影响整个国民经济发展的时代，不论是在发达国家，还是在发展中国家，工业的比重都受到了产业结构优化的约束，不能再占有国民经济中绝对大的比重。目前，发达国家的工业比重一般不超过30%，这与它们当初实现工业化是有很大反差的，而这正是信息化时代的工业特征。因此，中国实现工业化，也受到工业比重限定的影响，只能是在相比传统工业化的工业比重大幅度下降的前提下完成工业化的任务。这也是新型工业化与传统工业化的不同之处。

新型工业化是技术值升高的工业化。传统的工业化是只强调工业化，不要求高技术附加值的工业化。所以，在传统的工业化实现后，存在许多劳动密集型产业和低技术系数产业。如过去的煤炭工业，只是挖煤、洗煤、炼焦，劳动强度大，经济效益低，虽进入工业化行列，但经济上没有翻身，成为了工业上的贫困户。这样的工业化在新技术革命时代是没有意义的。新型工业化要求实现工业化的同时必须有现代新技术的跟进，即必须深化产业的技术开发，如煤炭工业必须向煤炭化学工业开拓。这是新技术革命对现代产业发展的基本要求。

新型工业化是人本与资本可对峙的工业化。在传统的工业化中，资本的力量是一统天下的，没有其他生产要素能与之抗衡。不仅资本家可以在维护自己利益的前提下拥有解雇工人压低工资的权力，而且企业经营的利润也滚滚如潮般地流进资本家的腰包。工业化造就了资本家的富足，也造就了工人的贫困。然而，在信息技术高度发达的现时代，即新技术革命之后，不是资本家发善心要照顾工人，而是人力的作用大为提升迫使资本不得不与之和睦相处，不再拥有绝对的支配权力。这就是说，以信息化为主导形成了人本与资本的对峙，工业化的实现不再主要是依靠资本力量，在某种程度上，更重要的是依靠人本的力量。虽然目前人本的力量主要体现在管理层和技术人员身上，并不表现为企业的所有雇员参与，但是这已经具有了代表性，构成了新型工业化中的又一特征。

新型工业化是伴随城镇化实现的工业化。传统的工业化是伴随城市化实现的工业化，而今城市化的作用与城市化的弊端同时显现，对于现代社会和现代经济发展而言，没有城市的兴起和城市的经济辐射作用绝对不行，但是高度的城市化造成人口过于密集也带来更多的不利经济因素，甚至可能出现人为的灾难。只就特大城市讲，仅供水就是一大困难，更不用说一旦发生能源危机，整个城市就要瘫痪。所以，中国的新型工业化的解决办法应是，既发扬城市化的作用，又抑制城市化的弊端，以城镇化代替城市化去实现工业化，不再一味扩大城市规模，而是在城市人口比重提高的同时安排一部分人口居住在城镇。这样就更有利于人们享受新技术革命带来的现代生活，也更有利于提高中国工业化的效益。

四、自觉地实现与时俱进

打破思维方式的封闭性之后，我们就能认识到，在人类的社会运动中，没有永恒的正义，只有生存的选择。新技术革命的兴起和发展给予人类更多的认识自然和自身的条件，使得人类对于生存有了更深刻更清醒的感悟和体会，所以，经过新技术革命，我们的思想需要大力度地更新与转换，这就是说要与时俱进。

1. 新技术革命是与时俱进的时点

进入新世纪以来，在中国 13 亿人口中间，与时俱进成为响亮的口号，在各种场合、各种活动中，都一再强调要与时俱进。但是，对于怎样与时俱进，人们还是各有各的理解，似乎并没有将与时俱进同新技术革命联系起来。这就是我们需要强调的问题。与时俱进，在各朝各代都有特定的内容，在现时代，其特定的含义就是要人们跟随着新技术革命的要求与时俱进，其中的时，就是新技术革命之时。这也就是说，在现时代，新技术革命是我们需要与时俱进的时点，我们的与时俱进就是要将自己的思想认识基点从新技术革命之前进到新技术革命之后，从封闭性的思维方式进到打破思维方式的封闭性。

对于我们来说，与时俱进不是从对社会的认识开始转变的，无论何时，与时俱进的起点都应是自然科学的重大突破，即都是人类对于自然认识的重大推进。在人类的认识逻辑上，总是先有人对自然认识的变化，才随之有人对自身的认识变化。这也就是说，由于是人与自然的关系变化决定人与人的关系变化，所以，必然是人对自然的认识突破才能引起人对自身的认识突破，才需要人们的思想与时俱进。新技术革命就是一场自然科学的革命，是发生在我们这个时代的人类对自然认识的突破，因此，我们的认识进步就必须是随着新技术革命与时俱进。

虽然我们是在 21 世纪讲与时俱进，但这并不是简单地从 20 世纪进入 21 世纪。与时俱进并不是一个单纯的时间要求。我们从今天过渡到明天，是不是也要讲与时俱进？显然不是。我们讲的进，要有真实的具体内容，如果没有新的思想变化，那也许过个几十年都未必进一下。所以，我们现在讲的与时俱进仍然是要从 20 世纪 50 年代的新技术革命之时进，是从那之前进到那之后，而不是任何随意时点的与时俱进。事实上，这一时点已经过去 50 多年了，但我们许多人对此没有自觉的认识，一直没有从那一时点进过来，也就是说，始终未能跟随着新技术革命与时俱进。更有甚者，他们的思想不是停留在 20 世纪 50 年代之前，而是始终停留在 18 世纪的工业革命时代。

与时俱进不是在嘴头说一说就了事的，而是必须落实在思想认识基点的更换上。如果我们不是将自己认识问题的基点进到新技术革命之后，还是用老眼光看待新问题，那我们的工业化腾飞是要受到影响的，那我们就跟不上这个腾飞的时代，也就是说，我们没有能够与时俱进。所以，为了实现中国工业化，为了中国的强盛和发达，我们一定要将与时俱进做到实处，一定要使自己的思想认识基点进到新技术革命的时点之后，具有对自然和对自身认识的开放性。

2. 新技术革命为全人类带来希望

我们需要充分地认识新技术革命的伟大意义，我们才能够自觉地跟随着新技术革命与时俱进。从现在看，新技术革命推进社会发展的作用是非常现实的，这一次革命为人类社会更好地延续创造了条件。

只能够驰骋在封闭的地球有限生存空间，从逻辑上说，人类是没有希望的。著有《时间简史》的世界著名科学家、英国剑桥大学霍金教授认为，太阳将在 50 亿年后冷却，人类若在此之前未找到出路，将会全部被冻死。当然，50 亿年对于今天来说还是相当遥远，但是，20 世纪初现实的生存困境已经使当时的人们忧心忡忡，面临着巨大的生存压力和危机。两次世界大战差点儿毁灭了人类。其间一次又一次的瘟疫更是害得人类代代死伤遍野。那时全球的人口并不多，还不及现在世界人口的一半，可是，战火频仍和生活艰难，全世界都在犯愁怎么活下去。然而，幸运的是，在二战之后，在 20 世纪中叶，人类迎来了新技术革命，这为全人类带来了生存的希望。

一方面，新技术革命迅速提高了 20 世纪后半叶的社会生产力，解决了人类生存面临的物质资料生产不足的问题。延展脑力作用的劳动工具的创造极大地提升了人类的生产能力，这使得人类解决吃饭问题变得相对容易，使得人类可以过上更为丰富多彩的好日子。在发达国家，人均 4 万美元的 GDP 足以使其国民衣食无忧，过上相对富有的物质生活。即使在发展中国家，只要人均 GDP 能够达到 2000 美元以上，也是可以吃饱穿暖的，也能够享受到一定的现代生活。电视、电脑、电话、电冰箱、洗衣机、空调、燃气灶等生活用品将许多人的生活水平提高到前所未有的高水平，现在一个普通人家的生活都是过去少数权贵家庭无法相比的。我们的生活比 19 世纪和 20 世纪前半叶的人们的生活好多了，这是新技术革命带来的最为现实的变化，这是很实际的人类的生产能力的提高引起的变化，这是深受全世界人民欢迎的革命性变化。

再一方面，新技术革命迅速提高了人类劳动的智力发展水平，为解决人类的生存出路打破了地球有限生存空间的封闭。这使得现在的人们看到了未来的希望，极大地释放了内心的生存压力。在电子计算机的支撑下，人类得以飞上太空，冲破了地球的引力，进入了宇宙空间。早在 1975 年，美国就发射探测器到火星去，而后，人类对于火星的探索越来越多。从宇宙上看，美国的探测器飞抵火星，是表示人类的劳动能力已经能触及火星了，是人类的智力作用已经能到达火星了。这不仅仅是美国科技创造的成功，更是人类劳动的发展为探索人类生存出路成功的表现。这给予人类更好地生存延续下去的信心和希望。

新技术革命的事实表明，人类是一个生存整体，现代人类要通过打破思维方式的封闭性，依靠自身智力水平的不断提高，使自身整体的生存更好地延续下去。这对于实践中的中国工业化腾飞是现实而深刻的与时俱进的思想认识基点。

第十二章　经济全球化背景

　　中国的工业化腾飞是在经济全球化背景下实现的，中国的工业化实现必须适应经济全球化的时代背景。经济全球化的实质是资本的全球化运动。在形成经济全球化运动之前，资本只是做国际化运动，而未达到全球化运动的水平。资本由国际化运动发展到全球化运动是需要有新的物质技术基础的，正是新技术革命成就了资本的全球化运动，计算机的发明及其微型化和网络化直接造成资本运动抵达世界的每一个角落。如果没有这种物质技术基础的支持，是决不会产生经济全球化运动的，因为没有资本的全球化运动就不可能出现经济的全球化运动，而资本的全球化运动就是建立在新技术革命的基础上的，是建立在计算机技术高度发达和网络化已经形成的基础上的。这说明，直到 21 世纪初，资本还有强大的运动力，并且资本的力量已经全球一体化了，人们不论走到哪里，在现时代的市场经济条件下，都摆脱不了资本力量的影响。中国在进入工业化腾飞阶段之后，更应对经济全球化下的市场发展和资本运动给予高度的重视。

一、中国市场就是国际市场

　　中国的工业化腾飞是与经济全球化紧密相连的。不仅中国的经济建设不能脱离经济全球化背景，而且，中国的国内市场也要成为经济全球化下国际市场的组成部分。

1. 中国市场是国际市场的热点

不要以为与经济全球化联结，与国际市场联结，就是走到国外去，就是离开中国去开发中国以外的市场。在经济全球化背景下，实际上，中国市场就是国际市场；在外商眼中，中国市场是国际市场；在中国企业的经营意识中，在国内经营等同于在国际市场经营。这是我们在工业化腾飞中必须给予强调的，也是要求企业对此必须给予明确的。

在前几年，中国有的企业去国外办厂，搞投资，忙得不亦乐乎，其实，他们的那种忙，与其在国内是一样的，并无大的差别。可以说，美国也不缺我们投资的冰箱厂，我们主动去办厂，只是劳累自己，对于美国的帮助并不大。从资本盈利的角度讲，在美国投资，远不如在中国西部投资赚钱多。如果我们能有更多的资本投在西部，至少每年也可为春运减轻不少的压力。但是，没有。我们还是偏好将钱投到美国等发达国家，而很少为我们的西部投资。这种现象不好解释，因为这绝对不像是全国一盘棋。由此给国家造成多少损失，恐怕没有人算一算。我们说，这是观念需要改变的问题，在经济全球化时，我们应该更关注国内市场，而不是到国外市场去蜻蜓点水。

现在，各个国家的人都到中国来赚钱。在浙江省的义乌市，有8000外商常驻，那气派不是哪里都能比的。在北京、上海、广州、武汉、成都等大城市，更是外商云集，市场火暴。而且，外商在中国建工厂的也是一年比一年多。这么多外国人到中国来办实业，偏偏我们中国人不愿在中国干，那就有意思了。难道说，那些外国人都比中国人傻，不懂得在自己国家做企业，跑到中国来投资找事，是没事干了。还是说，我们出去的人傻，不懂得在自己国家做企业，跑到外国去投资找事，是没事干了。反正，这二者之间是有一个不太对头的。也许，等到我们将国外的市场做好了，外商也将中国的市场做好了。我们进到外国去，人家进到中国来。好像是同等的，还实现了国际大交流。其实不然，我们做下一个美国市场，才 3 亿人口；做下一个日本市场，才 1.5 亿人口；做下一个俄罗斯市场，才 1 亿人口；做下整个非洲市场，才几个亿的人口。可是，人家只要做好了中国市场，那现在是 13 亿人口，将来是 15 亿人口，还有比这更合算的吗？所以，应该是来中国的那些外国人比我们想出去的人更聪明。关键是经济全球化以后，网络将世界连在了一起，我们不必一定到国外去才是进入国际市场。再有就是外商都到中国来，都来这儿赚钱，中国市场早已经成为国际市场的热点，我们真的不需要再舍近求远了。我们一定要明确地懂得，就在中国好好干，就在中国开拓市场，那就是进入了国际市场，那就是在与国际资本进行激烈的国际市场竞争。

2. 努力开发中国农村消费市场

在市场经济的发达国家，其消费市场主要是在城市，其农村人口极少，故市场容量极为有限，企业根本不必去刻意开发农村市场。然而，在中国，情况就不一样了。作为最大的发展中国家，中国至今仍有 7 亿多农村人口，也就是说存在着一个庞大的农村消费市场，这一市场的存在是生产消费品的企业不可忽视的，甚至是从事服务业的各类企业的营销不可忽视的。可以说，就目前情况看，中国农村人口还很少市场化消费，即这 7 亿多人口之中，还很少有医疗消费、现代工业品消费、娱乐消费等，这一市场还处于未开发阶段。相比国外市场的开发，中国农村消费市场的开发，对于将中国市场作为国际市场开发的中国企业来说，应该是更重要的。这既是企业在工业化腾飞中可获得的巨大生存空间，也是中国国家经济安全的一种保障。

在企业开发农村市场中，可以设想让农村人口得到更大的优惠，让政府的调节作用更突出地表现出来。这就是说，对于企业面向农村销售的产品，政府可以通过一定的法律程序给予某种程度上的税收减免，以便于支持农民的购买和鼓励企业开发农村市场。如果政府能这样做，将会有利于企业进入农村市场，有利于农村消费市场迅速繁荣起来。所以，从企业的角度讲，应该积极地做工作，促使实现政府对销往农村的商品实行一定程度的减税或一定范围的免税。只要能够普遍地减免税，农民就能够得到更多的实惠，企业也能够更快地打开农村市场，更快更好地发展生产。

同类产品，应该是销往城市一种版本，销往农村一种版本，不能是同一版本，更不能是以城市的版本销往农村。同类同版本的产品，应是同价格的，而农村甚至有超过城市的消费欲望，却没有城市那么高的消费能力，所以，制成不同的版本，是为了以不同的价格适应不同的市场，在农村就需要有比城市同类产品更低的价格。而不同的价格对应的是不同的成本，销往农村的产品的成本可以相对低一些，这并不是说卖给农民的产品可以偷工减料，而只是说这些产品可以减少不必要的功能和去掉昂贵的包装。像电视机之类的家用电器产品，就可以做得简单一点儿，去掉非大众化的功能，以降低成本。像家庭常用药品，就可以恢复老包装，简单一些，不要搞得里三层、外三层，药价没有包装费贵。农民喜欢实用，更喜欢便宜，企业针对这种状况多动一动脑子，就能够找到进入农村市场的坦途。

在 20 世纪初，中国农村普遍是用菜油点灯照明，不知有多少莘莘学子是在这样的灯下发愤读书，后来成就了一生的事业。而外国商人为了打开中国农村市场，推销当时先进的煤油灯和煤油，开始时就是把灯和油都送给中国农民用，待农民习惯了用比之菜油灯亮堂得多的煤油灯，他们也就垄断了中国的煤油灯和煤油市场。今天，情况也是同样，开发中国农村消费市场，也需要企业先有市场开发成本的付出，也就是说，企业要先将样品拿来送给农民，做最初的市场铺垫。你要想让农民购买酸奶，你就要先送一些给农民；你要想让农民买影碟，你就要先送 DVD 机给农民用；你要想让农民买你的药，你就要先送药到农民手中；等等。不论是哪一类产品，进入中国农村，都要有一个用实物商品打开市场的过程。在过去，这个过程也许是商家无意识实施的，也许是农民自发地实现的，但就今天讲，企业是应该自觉地去创造。有了自觉性，才能有把握地预见市场的开发进程，这并不复杂，只是需要企业决策者们明智、坚毅和付出真诚。这也就是说，开发中国农村消费市场，需要企业做好一定的先期投入，这是开发成功的前提，是符合中国国情的市场化行动。这样做，对于中国的国际市场开发来说，可以使中国的工业化腾飞得更好。

中国目前有 19000 多个镇，还有几乎同样数量的乡。开发农村市场，不能依赖于电视广告，农民不像城里人那样，容易受电视广告的影响。中国农民最朴素的表现，是要见到厂家真人，见到商品实物。所以，面向农村的营销，必须将宣传做到农民的面前。现在已有厂家这样做了，他们都收到很好的效果。但这不能只是个别厂家的做法，而应是各个企业普遍的市场表现，只要将宣传做到乡镇一级就可以了。一般说，每个乡镇都有人口几万人。企业作为厂家，在乡镇一级政府的所在地，用广播车或临时搭台做产品宣传，会给农民留下深刻印象的。就此而言，每个拟进入农村市场的企业，都应心中有底，做一张市场地图，计划按乡镇宣传的活动顺序，按部就班地去做，定会取得宣传的效绩，达到预期目的。中国地域广阔，近4万乡镇分布于全国大江南北，这对走向国际市场的每一个中国企业都是一种挑战，只有勇敢地、踏实而明智地接受挑战的企业，才能成就现时代经济全球化背景下的中国农村市场和这些企业自己。

二、中国企业家需要具有全球意识

日本的爱迪生、索尼公司的创始人盛田昭夫曾讲过：人类的前途是光明的。未来充满了奇妙的科技，将给活在这个星球上的每一个人带来福气。这个世界就在我们的掌握之中，挑战是巨大的，成功则要靠我们的意志力去争取。

盛田昭夫开创的事业表明，他是一个具有全球意识的日本优秀企业家。在中国的工业化腾飞阶段，中国的企业家也要培养这种全球意识。在中国实现工业化之时，中国的企业家也要具有全球意识。只有这样，才能将中国的企业做大做强，才能将中国的工业化产业做大做强。

1. 一定要做大做强中国企业

要求企业家具有全球意识，基本目的就是要做大做强中国企业。中国实现工业化必须有强大的企业，而企业家的思想水平跟不上经济全球化的发展形势，就会阻止企业做大做强，就会使工业化腾飞的翅膀缺少应有的力量。

日本的企业家具有全球意识，在当今世界，日本的企业是做大做强了的。日本丰田汽车的口号是：有路必有丰田车。这里所说的路，是指全球的路。也就是说，在全世界，都要有丰田汽车的市场。对于这一点，丰田汽车公司是这样说，也是这样做到了。现在，世界上确实是有路就有丰田车，这家公司的业务遍天下，企业也真正成为了一家世界级的大企业。在日本，并不是只有丰田汽车公司一家企业具有全球意识，而是基本上大企业都具有全球意识，这是与这些企业的领导人具有全球意识分不开的。正是这些具有全球意识的企业家带领的强大企业将日本带进了工业化社会。

韩国的企业家具有全球意识，也将韩国的企业做大做强，将韩国带进了工业化。韩国著名企业——浦项钢铁，其领导人朴泰俊首创"资源有限，创意无限"理念，使其企业享誉全球，成为世界著名的钢铁企业。韩国的工业化实现以及走向世界，都与这位企业家的全球意识有着直接的关系。在韩国，代表企业形象的是浦项钢铁，而不是其他企业。浦项钢铁为韩国企业做出了良好的榜样，也使韩国的经济飞速地发展起来，使韩国成为一个新崛起的发达的工业化国家。

美国的企业家更是具有全球意识的企业家群体，他们将美国的企业做大做强，做成世界上最强大的企业群，将美国发达的工业化呈现在全世界的面前。世界最强大的企业之一、美国的通用公司就是从全世界搜寻人才，用全球最优秀的人管理企业，做全世界最具挑战性的事，所以，它既是统领全球的超级企业，也是全球化的企业；既是美国最好的企业之一，也是全世界最好的企业之一。面向全球寻找智力资源，这是它最为成功的经验。它的全球意识是最强的，它的领导人的全球意识在全球企业界也是最强的。

可以说，尽管中国的工业化已经腾飞，但是，令人堪忧的是，中国的企业家还很少具有全球意识。可能是他们生存的环境比较艰难，所以，相对说，他们的思想比较狭隘，不似其他发达国家企业家的眼界开阔。要说中国是一个大国，不应该出现这种情况。但历史形成的事实就是这样。我们改变不了历史，我们只能改变未来。我们希望国家高度重视这一问题，在工业化腾飞阶段认真地培养企业家的全球意识，使其能够真正做到立足中国，放眼世界，能够从全球人类发展的立场考虑企业的发展，考虑中国的工业化，切实做大做强中国企业，切实跟上经济全球化的步伐。

2. 中国工业化呼唤大企业家

中国正处在工业化腾飞阶段，一个长期经济落后的国家就要改变自己的面貌了。问题在于，踏上这样一条腾飞之路，最为明显的问题是，在缺少具有全球意识的企业家中，更缺少具有全球意识的大企业家。

如果说人无头不走，鸟无头不飞，那么这句话可以最好地形容大企业家在工业化腾飞中的作用。大企业家是工业化腾飞的领头人，是所有企业家中的优秀代表人物。在其他国家的工业化历史中，称得上是大企业家的人没有几个，可是，如果要是没有这几个人，工业化的进程就会被延宕。美国企业家福特是一个典型的例子，他始终致力于发展优质低价的小汽车，取得了一次又一次的成功，然而他也是一次又一次地不满意自己，总是在不断地提高标准，总是在追求新的目标，直到自己生命的最后一息。这样的人开创了美国的现代汽车工业，历史的必然是体现在其个人的偶然之上的，这样的人才称得上是大企业家，有了这样的大企业家，一个国家的工业化才会顺利地实现。大企业家不是神，但他们是一个国家工业化的灵魂，这是他们起到的最重要的作用。

由于历史的原因，改革开放以来，中国才有了真正意义上的企业，因而，直至今日，中国缺少企业家，当然就更缺少大企业家了。大企业家也是企业家，但大企业家与一般企业家的不同在于：首先，大企业家要办大企业。凡是企业，都可以是企业家施展才干的舞台。但企业很小是不可能衬托大企业家的。企业家能为自己打造更大的平台，做大企业，成为行业龙头，这样的企业家才称得上是大企业家。其次，大企业家看问题有长远眼光，能够不光想到企业，更能为行业着想。作为大企业家，不会为了自己企业的利益去搞垮一个行业的。以一企业之利，毁掉一个行业的发展前途，是存在的，这与中国的企业家不能将自己做大，不具有行业思想有关。再次，大企业家要不断地推动技术创新。一般企业家只能对应用新技术的创新做出贡献。所以，很多的人可以成为企业家，但只有很少的人可以成为大企业家。因为，技术创新是很少人能做到的，只有大企业家的支持，人类社会才能不断享受到新技术的成果。从以上 3 点来看，中国目前的企业家是较难做到的。可以说，中国企业家的成长环境，是先天不足，后天也不足。在目前，中国一些著名的企业家处处流露出功成名就之感，这就使他们很难再成为大企业家：他们的发展动力已经没有了。缺乏大企业家，这是中国工业化腾飞中遇到的一个实际问题。

　　准确地讲，大企业家不是培养的，企业家都不能培养，更不用说大企业家了。在市场之中，企业家都是自己历练出来的，是多少竞争者的失败才造就了一个企业家，没有拼搏，没有代价，就没有企业家，更不可能有大企业家。社会所能做的事情，就是营造让企业家们历练的环境。抱大的人决不可能成为企业家，一路好运的企业家恐怕也难以成为大企业家。社会要想得到大企业家，就要在企业家的队伍中加压，压力给与每一位企业家，既要每一位企业家都能保持斗志，又可使这支队伍涌现出类拔萃的大企业家。如果社会一味宠着那些取得了一定成就的企业家，那很可能大企业家就出现不了。并不是一定要人们受苦，才能将其锻炼成才，但是，一定的逆境，一定的含辛茹苦，还是十分必要的，没有哪一位领袖级的大企业家是泡在蜜罐里长大的。现在，中国对企业家的关爱和荣誉太多了，这不利于企业家的成长，更不利于大企业家的出现。成为企业家，已经是社会的宠儿了，社会就不必再加强表彰他们，让一些企业家寂寞寂寞，有利于他们提高自身素质，有利于他们创造更伟大的业绩。

如果具体地讲大企业家应怎样怎样，这是很不好讲的，在这里，我们只能抽象地讲几条，来大致地勾勒一下实现中国工业化需要的大企业家形象。

一是饱学之士，满腹经纶。大企业家如同大学问家一样，具有很多的书本知识，能够谈天说地，纵论古今风云。什么都不知道，就知道挣钱，不可能是大企业家。人的素质来自于学习，成为大家，一定是高素质的积累，这与其热爱学习是分不开的。尊重知识，热心读书，这是一个成为大企业家的必要条件。每个人都不必刻意去这样做，但凡是自发地这样学习的企业家，才有可能成为当代领袖级的大企业家。

二是礼贤下士，关心部属。大企业家都是创造大企业的成功之士，但真正的大企业家不会居功自傲，相反，他们一定会礼贤下士，尊重别人的，特别是他们会尊重知识界的优秀人士。再有，他们对下属，对员工都会态度极好，这不是虚伪，而是他们对社会对人生有很深的领悟，知道每一个人都是十分不容易的，每一片树叶不仅长得不一样，掉在哪里就更不一样，因而，他们才会关怀别人，关怀自己的下级。有了这样一种人文境界，才会有人格魅力，这种魅力是每一位大企业家都有的。

三是胸怀世界，拼搏在前。在大企业家的眼里，他的生存空间是全世界，他一定是具有全球意识的人，虽然他只能住在一个地方，只能是一国公民，但是他要想到自己是这个世界的一员，自己的责任是对时代负责。所以大企业家不论处于哪一个行业，都要引领这个世界的新潮流。比尔·盖茨并不是科学家，但他是一个大企业家，他创办的企业遍布世界。也可以说，大企业家是时代创造的。在技术发展没有达到一定高度时，没有世界性的大企业，也不会有大企业家，只是在现代才有产生这种大企业和大企业家的可能。中国需要走向世界，就企业而言，需要有大企业家带领中国的企业走向世界，企业无头也是不走的，大企业是带头企业，大企业家是带头人。如果到关键时刻，没有企业家能冲上去为中国的工业化发展大企业和大产业，那不是个人的悲剧，却一定是社会的悲剧。我们相信，在中国的工业化腾飞阶段，一定能够涌现出放眼世界、成就中国工业化伟大事业的大企业家。

三、中国资本市场的对外开放

经济的全球化也是资本的全球化。在经济全球化的背景下，中国的资本市场必须对外开放，这既是中国经济对外开放的最新要求，是中国经济进入经济全球化运动的关键举措，也是中国履行加入世界贸易组织协议的基本要求。目前，中国的资本市场对外开放涉及的范围很广。在此，我们仅对中国工业化腾飞阶段的证券市场和借贷市场的对外开放作一些概括性的初步分析。

1. 证券市场的对外开放

中国证券市场的对外开放，既与货币市场的对外开放有联系，又与货币市场的对外开放有区别。因为，这既可以是中国证券人民币交易的对外开放，又可以是外币交易中国证券的对外开放。

就中国证券市场的对外开放本身讲，这大致分为两个大的方面：一个方面是允许外国人或机构进入中国证券市场购买各种中国证券，包括股票、企业债券、国家债券等等。再一个方面是允许外国机构在中国证券市场发行各种有价证券。这后一种的对外开放，相比前一种的对外开放，表现出的开放程度更高一些。但是，在中国的工业化腾飞阶段，前一种的对外开放，相比后一种的对外开放，更为实际一些，或是说，对于帮助实现中国的工业化，更有意义一些。

目前，中国的股市已经引起全世界的注意。由于中国已经进入工业化腾飞阶段，很多的外国投资者看好中国的股市，希望从中分一瓢羹。而中国的股市扩容，在某种意义上，也需要外国投资者的进入。可以说，这是两厢情愿的事，或者称作双赢的事。那么，中国的股市会不会被外国投资者控制呢？应该说，是存在这种可能的，而且还是极有可能的。但是，可能性毕竟不是现实性，不论有多大的可能性，只要不是其转为现实性就可以保证股市在我们的管理和控制之下，不会发生大盘失控的情况。我们不能让外国投资者控制中国的股市，但是，我们非常欢迎外国投资者购买中国股票，我们要创造更好的条件以利于外国投资者的资金更多地进入中国的股市。

中国的企业债券市场发展比较缓慢。我们希望，在工业化腾飞阶段，能够借助外国资本的力量促进中国的企业债券市场发展。在今后，中国需要更多地发行企业债券，而不是更多地发行股票。这是各个国家证券市场的惯例，我们只不过是依照惯例行事。如果外国投资者能够与我们想到一块儿，也愿意大量投资中国的企业债券市场，那是最好的，因为这样做非常有利于中国企业在工业化腾飞阶段取得更大的发展。我们没有必要专门向外国投资者发行中国企业债券，只要引导外国投资者购买中国企业发行的债券就可以达到吸收外国资本助中国企业腾飞的目的。

中国的国债市场一直不规范。在进一步的对外开放中，这一市场要走向规范和完善，发挥更好的融资作用。中国改革开放以来，中央政府曾经多次对外发行财政债券，为中央财政融资起到了积极的作用。但是，那样对外发行债券与国债市场的对外开放还是不一样的。我们现在需要的是进一步开放国债市场，是希望外国投资者直接进入中国的国债市场。而且，进入国债市场的外国投资者必须是机构，不能是个人。中国国债市场的规范在于要以金融机构为主要发行对象，这一点需要首先在外国投资机构方面得到落实。

在另一方面，我们也要积极地对外开放，吸引外国企业在中国的证券市场上融资。中国要以更加开放的姿态，迎接经济全球化的挑战，发展和壮大中国的证券市场，使其成为全球证券市场的一个重要组成部分。

2. 借贷市场的对外开放

中国借贷市场的对外开放，主要是指允许外国银行进入中国的借贷市场，包括个人借贷市场和企业借贷市场，其中主要是企业借贷市场。外国银行可以使用人民币放贷，也可以使用他们的本币或其他货币放贷。当然，外国银行在中国市场所做的一切，都要经过中国人民银行的批准。

中国借贷市场是非常需要对外开放的，外国银行进入中国的借贷市场对于中国经济的发展和中国借贷市场的活跃是非常有利的。长期以来，中国的银行业生存在僵化的计划经济体制之下，以听从行政指挥的方式放贷，病入膏肓。冰冻三尺，非一日一年能得以改变的。更何况，计划经济体制的残余影响，各个方面行政力量的干预，至今并没有完全从中国的金融领域退出。所以，中国借贷市场的对外开放，最重要的意义就在于，要引入国际竞争机制，要促进中国银行业迅速进入市场经济体制下的运行模式，尽快切断传统体制对于借贷市场的不良影响，真正激发市场活力。这也就是说，中国的银行业在进一步的对外开放中要认真地向外国同行学习，要以经济全球化为背景努力提升自身的借贷业务水平。

外国银行进入中国借贷市场是具有风险的。可是，外国银行不怕风险，它们要靠市场化运作的经营机制规避风险，取得盈利。这是最需要中国银行业学习的，中国借贷市场的转机也是在这里凸显的。这些外国银行要看贷款人的各种合法材料，但是又不局限于看申请贷款材料，其业务人员更注重的是项目本身的可行性和申请人的素质。比如，一位电影制片人找一家外国银行申请贷款，要拍一部电影，只要这部电影题材好，这位制片人诚实可靠，他拿到贷款是没有问题的，而且还是很快就能拿到贷款。这就是外国银行的工作风格，看似风险很大，实际比起我们只看材料的机制，其风险要小得多。并不是外国银行没有失误的时候，而是说他们的机制可以保证其失误很少，可以控制在自身能够承受的范围之内。最近，中国的某银行也像外国银行那样冒了一次险，给了冯小刚导演一笔数额不菲的贷款，让其拍摄电影《集结号》，结果不负众望，这部影片获得了成功，这家银行的尝试也获得了成功。在今后，我们还有更多的银行要学习外国银行，改变自己的传统，迈开步伐，对中国企业的发展给予更有力的贷款支持。

外国银行进入中国借贷市场是要盈利的。我们说，风险与盈利是相对应的，风险大，盈利就大。我们欢迎外国银行在中国借贷市场上盈利，因为其盈利是其风险承担的回报，是应该得到的。若他们得不到盈利，那他们还来中国干什么！我们欢迎他们盈利，就是欢迎他们来中国借贷市场做事。在目前情况下，有些事还不是我们的银行能做的，我们的银行还不具有那么大的风险承受力，所以要有外国银行来做。这些外国银行将这些事都给做了，那就是对我们的帮助，就是我们开放市场的意义，那让这些外国银行获得应有的利润是应该的，我们应该很高兴他们能够盈利。

四、人民币的国际化

在中国工业化的实现之前或之后，人民币需要走上国际化道路，成为国际货币市场上的一种新的可流通交换的货币。因此，未来的经济全球化中，是包括着中国的人民币国际化的。

1. 人民币已具备国际化的基本条件

2006 年 10 月，第四届中国虚拟经济研讨会在深圳举行。南开大学虚拟经济与管理研究中心主任刘骏民教授在此次会议上发表了自己对于人民币国际化的研究成果。针对中国经济实力增强和中国对世界的经济依存度的加深，他强调：中国从来没有如此强烈地感到世界对自己的重要性，世界也从来没受到中国经济如此强劲的影响。中国和平发展是新世纪之初的世界经济格局中最重要的变化，中国当前面临的绝大多数问题都是在这个背景下展开的。中国人民币国际化的基本条件已经具备，而且，目前解决人民币汇率两难困境的唯一出路就是：人民币国际化。

刘骏民教授指出：在人民币国际化的过程中，关键是中国能否构建一个国际化的虚拟经济系统，这对于支撑美元霸主地位和调节美元资产价格及美元汇率将起着重大的作用。我们要抓住目前千载难逢的历史机遇，顺势推进人民币的自由兑换，让人民币走进几种主要储备货币行列。

　　会议期间，刘骏民教授在接受开放导报杂志社执行主编张朝中专访时指出：在传统理论下，人民币升值会导致出口下降，使得中国以制造业为主的经济受到打击；人民币不升值会导致顺差加大，进而人民币汇率升值压力越大，国际利益冲突越大。人民币汇率问题似乎进入死胡同，其反映的实质问题是人民币在世界货币格局中的权利与经济实力不对等。中国实体经济强大，而人民币却被排斥在国际经济活动之外；中国实体经济交易巨大，而在虚拟经济领域国际交易量几近于零。中国巨大的国际贸易额是用美元和欧元等国际货币来媒介的，中国 GDP 占世界 GDP 的比重在稳步上升，人民币在储备货币中的比例几乎没有，是国际货币格局中的"小国货币"。但世界货币格局终究是利益格局，旧有的货币格局已不再适应新的经济实力形成的世界经济格局。世界货币格局必须依据世界经济格局做出适当的调整，增强国际货币合作以增强国际货币体系的稳定性。[①]

　　一年半之后，我们继续探讨这个问题，更加感到人民币的国际化是一个在中国工业化腾飞阶段必须尽快解决的重要问题。在国际市场上，权利与义务是对等的，不能是权利大于义务，也不能是权利小于义务。中国已经成为世界经济总量第四，贸易总量第三的大国，对世界承受着相当大的义务，然而，中国由于人民币未能国际化，而在世界货币市场上毫无发言权。这种状况迫切需要尽快改变，以切实地维护中国在世界经济格局中的利益。从目前的情况看，中国的外汇储备在 2007 年底已达到 1.5 万多亿美元，这是保障中国的人民币能够顺利实现国际化的最硬条件。

　　在当前，我们应该认识到：人民币不能国际化，中国这 1.5 万多亿美元的外汇储备就是烫手的山芋，怎么办都是麻烦，放着

　　① 张朝中：《虚拟经济视角下的美元风险与人民币国际化——专访南开大学刘骏民教授》，《开放导报》，2006（6）。

也不是办法；而要是将这 1.5 万多亿美元的外汇储备用来支撑人民币国际化，那是最好的用处，恐怕还会不够用。

2. 需做好人民币国际化的时机选择

所以，在中国工业化腾飞阶段，不应是讨论人民币该不该国际化的问题，而是要讨论人民币如何实现国际化的问题，要讨论人民币何时实现国际化的问题，即应该讨论人民币国际化的时机选择问题。

关于人民币国际化的时机选择，刘骏民教授认为：日本的教训和德国的成功经验能给我们提供深刻的启示。日本推进日元国际化的过程可分为三个阶段：20 世纪六七十年代是日本经济黄金发展时期，但对资本账户的控制限制了日元对境外的供给，结果错失了向境外输出日元积累日元储备的最佳时期；20 世纪 80 年代初，日本实现了资本账户自由化，终于认识到了本币国际化的重要性，开始积极推动；结果日元在世界外汇储备中比重由几近于零扩张到 8%。1985 年，由于在政治上对美国的依附，日本被迫同意由美国联合欧洲逼迫日元升值的"广场协议"，日元在短时间内大幅升值。结果，持有日元的预期收益几乎丧失殆尽，境外投资者已经不再愿意大规模持有日元进行长期储备，日元成为国际主要货币的良机一去不返，其大国进程也被由此导致的泡沫经济打断。德国马克的经历却是另一番景象。由于德国早在 1956 年就实现了贸易自由化和资本自由化，较早地放开资本项目使得德国抓住了 20 世纪六七十年代高速增长的黄金时期，利用资本账户持续逆差输出马克，避免了马克迅速地大幅升值。凭借布雷顿森林体系崩溃的契机以及自身币值稳定的良好信誉，马克终于跻身国际货币的舞台。日本的教训和德国的经验告诉我们，一旦人民币大幅度升值，人民币国际化的大门将会关闭，历史性的机遇就会丧失，中国走向世界大国的行程将会被中断。中国与曾经的日本、德国一样，走到了同样的历史关口。我们要抓住目前千载难逢的历史机遇期，顺势推进人民币的自由兑换，让人民币走进几种主要储备货币的行列。①

刘骏民教授关于人民币国际化的时机选择问题的研究是深刻而有远见的。在当今经济全球化背景下，我们认为，人民币的国际化应该像刘骏民教授讲的那样，抓紧进行，不要拖拉。现在，中国的人民币汇率升值很不正常，明明人民币在国内市场上是大幅贬值，是中国普通百姓的货币在购物时的支付能力变小，而在外汇市场上变成了人民币升值。如果将国内的贬值也算上，那自人民币升值以来，可升得的就不是1元多钱，实际上已经是升值快达到1倍了。这样的升值速度不利于人民币的国际化，中国金融界应该迅速采取有效措施给予制止，应该研究具体的人民币国际化的办法。选择有利的人民币国际化时机，尽快实现人民币的国际化，对于中国的工业化腾飞是有力的金融支持，对于经济全球化背景下的中国工业化实现是重要的基础条件。

---

① 张朝中：《虚拟经济视角下的美元风险与人民币国际化——专访南开大学刘骏民教授》，《开放导报》，2006（6）。

第十三章　融入世界贸易组织

经过十多年的努力，中国终于如愿以偿地加入了世界贸易组织。这对于中国的社会经济发展是一件大事，对于中国实现工业化是一件大事，对于全世界都是一件具有深远影响的大事。在当今的经济全球化时代，别无选择，已经加入世界贸易组织的中国还需要真正地融入世界贸易组织。

2002 年 1 月 25 日，《中华人民共和国全国人民代表大会常务委员会公报》全文公布了中国加入世界贸易组织法律文件。新华社在同一天播发了《中华人民共和国加入世界贸易组织议定书》。我们根据这一文件（以下引文不注出处的均为该文件内容）可以确定，自 2002 年起中国就加入了世界贸易组织，但是，中国要真正地融入世界贸易组织，除了自身的争取和努力，按照议定书的规定，在工业化腾飞阶段，还有一段较长的路要走。

一、十五年的限制

《中华人民共和国加入世界贸易组织议定书》第一部分总则的第 15 条对于中国融入世界贸易组织提出了最长时间的限制。这一条款的全文如下：

第 15 条　确定补贴和倾销时的价格可比性

GATT1994 第 6 条、《关于实施 1994 年关税与贸易总协定第 6 条的协定》（《反倾销协定》）以及《SCM 协定》应适用于涉及原产于中国的进口产品进入一 WTO 成员的程序，并应符合下列规定：

（a）在根据 GATT1994 第 6 条和《反倾销协定》确定价格可比性时，该 WTO 进口成员应依据下列规则，使用接受调查产业的中国价格或成本，或者使用不依据与中国国内价格或成本进行严格比较的方法：

（i）如受调查的生产者能够明确证明，生产该同类产品的产业在制造、生产和销售该产品方面具备市场经济条件，则该 WTO 进口成员在确定价格可比性时，应使用受调查产业的中国价格或成本；

（ii）如受调查的生产者不能明确证明生产该同类产品的产业在制造、生产和销售该产品方面具备市场经济条件，则该 WTO 进口成员可使用不依据与中国国内价格或成本进行严格比较的方法。

（b）在根据《SCM 协定》第二、三及五部分规定进行的程序中，在处理第 14 条（a）项、（b）项、（c）项和（d）项所述补贴时，应适用《SCM 协定》的有关规定；但是，如此种适用遇有特殊困难，则该 WTO 进口成员可使用考虑到中国国内现有情况和条件并非总能用作适当基准这一可能性的确定和衡量补贴利益的方法。在适用此类方法时，只要可行，该 WTO 进口成员在考虑使用中国以外的情况和条件之前，应对此类现有情况和条件进行调整。

（c）该 WTO 进口成员应向反倾销措施委员会通知依照（a）项使用的方法，并应向补贴与反补贴措施委员会通知依照（b）项使用的方法。

（d）一旦中国根据该 WTO 进口成员的国内法证实其是一个市场经济体，则（a）项的规定即应终止，但截至加入之日，该

WTO 进口成员的国内法中须包含有关市场经济的标准。无论如何，（a）项（ii）目的规定应在加入之日后 15 年终止。此外，如中国根据该 WTO 进口成员的国内法证实一特定产业或部门具备市场经济条件，则（a）项中的非市场经济条款不得再对该产业或部门适用。

以上文件条款规定，自中国加入世界贸易组织之时起，在 15 年内，如果哪一个国家不承认中国是市场经济国家，那么该国在确定补贴和倾销时的价格可比性时，就可以对中国采取特殊的待遇，而不是世界贸易组织成员国的一般待遇。这实际还是将中国放在了世界贸易组织之外，并没有完全将中国放在世界贸易组织之内。目前，主动承认中国是市场经济国家的只是中国的一些周边国家和其他不多的国家，美国、加拿大、欧盟国家等等均都还不承认中国是市场经济国家。所以，按照规定，已经过去了 6 年，还有 9 年才能取消这项对中国的限制。中国还要在工业化腾飞的路上继续加倍努力，等待 9 年以后对世界贸易组织的无限制的融入。

二、十二年的限制

《中华人民共和国加入世界贸易组织议定书》第一部分总则的第 16 条对于中国融入世界贸易组织也提出了长达 12 年时间的限制。这一条款的全文如下：

第 16 条 特定产品过渡性保障机制

1. 如原产于中国的产品在进口至任何 WTO 成员领土时，其增长的数量或所依据的条件对生产同类产品或直接竞争产品的国内生产者造成或威胁造成市场扰乱，则受此影响的 WTO 成员可请求与中国进行磋商，以期寻求双方满意的解决办法，包括受影响的成员是否应根据《保障措施协定》采取措施。任何此种请求应立即通知保障措施委员会。

2. 如在这些双边磋商过程中，双方同意原产于中国的进口产品是造成此种情况的原因并有必要采取行动，则中国应采取行动以防止或补救此种市场扰乱。任何此类行动应立即通知保障措施委员会。

3. 如磋商未能使中国与有关 WTO 成员在收到磋商请求后 60 天内达成协议，则受影响的 WTO 成员有权在防止或补救此种市场扰乱所必需的限度内，对此类产品撤销减让或限制进口。任何此类行动应立即通知保障措施委员会。

4. 市场扰乱应在下列情况下存在：一项产品的进口快速增长，无论是绝对增长还是相对增长，从而构成对生产同类产品或直接竞争产品的国内产业造成实质损害或实质损害威胁的一个重要原因。在认定是否存在市场扰乱时，受影响的 WTO 成员应考虑客观因素，包括进口量、进口产品对同类产品或直接竞争产品价格的影响以及此类进口产品对生产同类产品或直接竞争产品的国内产业的影响。

5. 在根据第 3 款采取措施之前，采取此项行动的 WTO 成员应向所有利害关系方提供合理的公告，并应向进口商、出口商及其他利害关系方提供充分机会，供其就拟议措施的适当性及是否符合公众利益提出意见和证据。该 WTO 成员应提供关于采取措施的决定的书面通知，包括采取该措施的理由及其范围和期限。

6. 一 WTO 成员只能在防止和补救市场扰乱所必需的时限内根据本条采取措施。如一措施是由于进口水平的相对增长而采取的，而且如该项措施持续有效的期限超过 2 年，则中国有权针对实施该措施的 WTO 成员的贸易暂停实施 GATT1994 项下实质相当的减让或义务。但是，如一措施是由于进口的绝对增长而采取的，而且如该措施持续有效的期限超过 3 年，则中国有权针对实施该措施的 WTO 成员的贸易暂停实施 GATT 1994 项下实质相当的减让或义务。中国采取的任何此种行动应立即通知保障措施委员会。

7. 在迟延会造成难以补救的损害的紧急情况下，受影响的 WTO 成员可根据一项有关进口产品已经造成或威胁造成市场扰乱的初步认定，采取临时保障措施。在此种情况下，应在采取措施后立即向保障措施委员会作出有关所采取措施的通知，并提出进行双边磋商的请求。临时措施的期限不得超过 200 天，在此期间，应符合第 1 款、第 2 款和第 5 款的有关要求。任何临时措施的期限均应计入第 6 款下规定的期限。

8. 如一 WTO 成员认为根据第 2 款、第 3 款或第 7 款采取的行动造成或威胁造成进入其市场的重大贸易转移，则该成员可请求与中国和/或有关 WTO 成员进行磋商。此类磋商应在向保障措施委员会作出通知后 30 天内举行。如此类磋商未能在作出通知后 60 天内使中国与一个或多个有关 WTO 成员达成协议，则请求进行磋商的 WTO 成员在防止或补救此类贸易转移所必需的限度内，有权针对该产品撤销减让或限制自中国的进口。此种行动应立即通知保障措施委员会。

9. 本条的适用应在加入之日后 12 年终止。

以上文件条款规定，自中国加入世界贸易组织之时起，在 12 年内，如果哪一个国家需要对中国采取特定产品过渡性保障机制，都可以引用上述条款对中国采取特殊的待遇，而可以不给予中国作为世界贸易组织成员国的一般待遇。这实际也是将中国放在世界贸易组织之外的做法。我们看到，按照第 16 条的规定，已经过去了 6 年，还有 6 年才能取消这项对中国的限制。中国还要在工业化腾飞的路上继续加倍努力，等待 6 年以后世界贸易组织在这方面对中国的解禁。

三、八年的约束

《中华人民共和国加入世界贸易组织议定书》第一部分总则的第 18 条对于中国融入世界贸易组织也提出了长达 8 年时间的特殊待遇约束。这一条款的全文如下：

第 18 条　过渡性审议机制

1. 所获授权涵盖中国在《WTO 协定》或本议定书项下承诺的 WTO 下属机构①，应在加入后 1 年内，并依照以下第 4 款，在符合其授权的情况下，审议中国实施《WTO 协定》和本议定书相关规定的情况。中国应在审议前向每一下属机构提供相关信息，包括附件 1A 所列信息。中国也可在具有相关授权的下属机构中提出与第 17 条下任何保留或其他 WTO 成员在本议定书中所作任何其他具体承诺有关的问题。每一下属机构应迅速向根据《WTO 协定》第 4 条第 5 款设立的有关理事会报告审议结果（如适用），有关理事会应随后迅速向总理事会报告。

2. 总理事会应在加入后 1 年内，依照以下第 4 款，审议中国实施《WTO 协定》和本议定书条款的情况。总理事会应依照附件 1B 所列框架，并按照根据第 1 款进行的任何审议的结果，进行此项审议。中国也可提出与第 17 条下任何保留或其他 WTO 成员在本议定书中所作任何其他具体承诺有关的问题。总理事会可在这些方面向中国或其他成员提出建议。

---

① 货物贸易理事会、与贸易有关的知识产权理事会、服务贸易理事会、国际收支限制委员会、市场准入委员会（包括《信息技术协定》）、农业委员会、卫生与植物卫生措施委员会、技术性贸易壁垒委员会、补贴与反补贴措施委员会、反倾销措施委员会、海关估价委员会、原产地规则委员会、进口许可程序委员会、与贸易有关的投资措施委员会、保障措施委员会和金融服务委员会。

3. 根据本条审议问题不得损害包括中国在内的任何 WTO 成员在《WTO 协定》或任何诸边贸易协定项下的权利和义务,并不得排除或构成要求磋商或援用《WTO 协定》或本议定书中其他规定的先决条件。

4. 第 1 款和第 2 款规定的审议将在加入后 8 年内每年进行。此后,将在第 10 年或总理事会决定的较早日期进行最终审议。

以上文件条款规定,自中国加入世界贸易组织之时起,在 8 年内,世界贸易组织需要对中国启用过渡性审议机制,即所有的所获授权涵盖中国在《WTO 协定》或本议定书项下承诺的 WTO 下属机构都应在中国加入 1 年后引用上述条款对中国采取特殊的待遇,每年审议中国实施《WTO 协定》和本议定书相关规定的情况。这实际也是给予中国加入世界贸易组织的保留性附加条件。好在幸运的是,按照第 18 条的规定,我们现在已经过去了 6 年,还有 2 年就能取消这项对于中国的特殊性约束。中国还要在工业化腾飞的路上继续加倍努力,等待 2 年以后世界贸易组织对中国取消这种附加性的过渡性审议机制。对此,我们不能抱有任何幻想,只能是脚踏实地进行等待。其实,光等待这 2 年结束还不行,我们还要最终等待一共 15 年,即到 2008 年还有 9 年的第 15 条规定的限制取消。

四、保护中国农业

我们在加入世界贸易组织 15 年之后,需要实现对世界贸易组织的完全融入。我们加入世界贸易组织之后,最重要的是保护农业;我们融入世界贸易组织,更要切实做到保护农业,即中国也要在享受世界贸易组织成员国待遇的前提下,像日本和韩国那样,充分地扶植和保护自己国家的农业生产和农业发展。

《中华人民共和国加入世界贸易组织议定书》第一部分总则的第 12 条对中国加入世界贸易组织后的农业贸易方面做出了规定。这一条款的全文如下：

第 12 条　农业

1. 中国应实施中国货物贸易承诺和减让表中包含的规定，以及本议定书具体规定的《农业协定》的条款。在这方面，中国不得对农产品维持或采取任何出口补贴。

2. 中国应在过渡性审议机制中，就农业领域的国营贸易企业（无论是国家还是地方）与在农业领域按国营贸易企业经营的其他企业之间或在上述任何企业之间进行的财政和其他转移作出通知。

以上第 12 条的内容只有两款规定。一是讲中国政府不得直接对农产品维持或采取任何出口补贴。二是讲中国政府不得间接对农产品维持或采取任何出口补贴。仅此而已。

关于对中国农产品的进口，这个议定书没有专门讲。

在这种情况下，中国融入世界贸易组织，特别要注意不能让对外的农业贸易影响了国内的农业生产与贸易。毕竟，中国的农产品出口只占中国产品出口中的很小比重，这是一个小局，不能因此影响中国农业的大局。这个大局就是中国农业要保障 13 亿人口吃饭和所有的副食品。我们融入世界贸易组织，就是要遵守世界贸易组织的各种规定和我们的各种承诺，但是，这并不妨碍我们在此之外保护自己的农业。只要是不涉及对外贸易，我们怎样保护自己的农业，世界贸易组织并不干涉我们。所以，我们反对个别人因为有加入世界贸易组织的协议而不主张让政府对农业实施保护。

日本和韩国的农产品价格很高，不是一般的高，是中国农产

品价格的 10 倍左右，这不是国际市场的价格，而是他们国家自己
的价格，他们的农产品价格不与国际市场价格接轨。中国的农产
品主要是养活 13 亿中国人，只有一点点是出口，为什么一定要同
国际市场价格接轨呢？我们也应同日本、韩国一样，始终保持国
内农产品的高价格。现在，中国农产品刚刚有了一点涨价，不要
说国外，国内现在就不干了，这真是不可思议，难道我们就没有
人知道在融入世界市场之时要保护我们自己的农业？没有全局和
大局观念，这也是中国经济落后的原因之一。为什么日本、韩国
可以保持农产品的高价格，中国就不能一样保持农产品的高
价格？

　　中国越是融入世界贸易组织，就越是要保护自己的农业。没
有同工业品一样的高价格，就无法做到对中国农业的保护。中国
在农业方面不是以出口为主，这一点是肯定的，如果只是因为出
口而不放开手脚让中国政府保护农业，不让中国的全社会支持农
业，那我们就认可不出口。[①] 农业是中国的经济基础，农业的生产
状态良好是国民经济保持正常运行的最重要的保障，我们不能因
出口而影响这个大局。

　　日本和韩国的做法都很好，都很聪明。这两个国家都公开地
保护农业和补贴农业，让农产品在高价位上交易和发展，让农民
也同城里人一样过上好日子。在这方面，中国也要走日本和韩国
的道路，充分发挥政府的作用，保护和补贴农业，使农业的发展
繁荣昌盛。中国的农业为了尽快地发展，可以在政府的支持下，
不要出口，不去国际市场竞争，只供应国内市场，只满足国内人
口的需要，只保持国内农产品的高价格。世界贸易组织不会干涉

---

　　① "农业部副部长牛盾 21 日在福州透露，我国目前已成为世界第四大农产品进
口国和第五大农产品出口国，在世界农产品贸易中占有举足轻重的地位。"（康淼：
《世界农产品进口国中国目前位居第四》，《北京青年报》，2008 年 3 月 23 日。）

我们的国内农产品市场，不干预中国政府补贴中国国内的农业生产，我们一方面可以与世界贸易组织相处得很好，一方面可以完全放开手脚发展我们的农业。

中国对于农业的保护是国家生存的最基本要求，是不容置疑的。在融入世界贸易组织的同时，中国必须采取得力措施保护农业生产的稳定和发展。现在看来，中国政府对农业领域的扶植与保护应主要体现在以下方面：

开发土地资源。不是被动地死守18亿亩耕地的底线，而是要主动地开发土地资源，增加土地供给。"从1999年至2006年，全国通过土地整理复垦开发共补充耕地3525万亩，大于同期建设占用的耕地面积。其中，近1300万亩是通过土地整理补充的。'十五'期间，国家投资土地整理项目建设规模2400多万亩，新增耕地500多万亩。"①

保护产品价格。农民的收益来自于价格，农业的稳定也依托于价格，价格是市场经济中的大事，人们的收入多少都是与价格有关的。政府保护农产品价格，就是要逐步提高原先被压低了的农产品价格，就是要逐步使农产品的价格走上高位，像日本和韩国那样使农民也可依据农产品的高价格过上好日子。如果农产品的价格受到市场的意外冲击，政府还负有救市的责任，而且，政府还要对遭受损失的农民给予适当的补助。

建设金融体系。中国农业的问题是落后，已经落后到基本脱离现代金融体系的地步。这在现代市场经济条件下，是不能允许的，也是必须尽快改变的。所以，在当前，迅速重建中国的农村金融体系是极其重要的。不仅中国农业银行要回到农村去，而且，各大银行都应积极地开展农村金融业务。甚至，在中国融入世界

----

① 王世元：《土地整理：加强农业基本建设的基础性工作》，《求是》，2008（5）。

贸易组织之后，一些外国银行也要积极地开展中国农村的金融业务。只有在现代金融的支持下，处于工业化腾飞阶段的中国现代农业才能在政府的保护下迅速地成长起来。

五、为子孙后代奠定基础

中国在工业化腾飞阶段融入世界贸易组织的意义是广阔而深远的。我们要为子孙后代打好一个基础，让他们汲取我们这一代和我们之前的几代人的教训，大步地跟上世界的发展，这个基础就是融入世界贸易组织。我们要为子孙后代奠定中国未来的经济能够跟随整个世界发展的组织基础。

1. 我们的子孙后代比我们更优秀

相比新技术革命后的世界，从总体上讲，我们这一代人还是比较落后的，我们的创新思想、对高科技的掌握、对企业的经营与管理能力等等，基本上是落后于发达国家同代人的，虽然我们也还是很优秀的。但是，我们相信，我们的子孙后代会比我们更优秀，我们的子孙后代是可以做到与世界发展同步的。因为，我们的子孙后代比之我们这一代，得到了更好的社会教育。

我们的子孙后代是在电子计算机的应用已经高度网络化的时代接受基础教育的。现在，中国城市的小学和一部分农村小学都开设计算机课，让孩子们从小就接触这种新的延展脑力作用的劳动工具，从小就跟上现代的电脑世界。更有甚者，有的孩子在幼儿园就已经受到电脑教育了，很小就学会了初步使用电脑。这比之我们这一代，简直是天壤之别。虽然我们现在也学会用电脑，可我们小时候呢？那时哪里见过电脑是啥模样。这就可想而知我们这一代与我们的子孙后代的差距了。有时，我们的电脑不干活了，送去修理，人家一看，根本不是什么问题，而是我们不会使用造成的，所以，此时我们听到的最多的一句话就是：回家问问孩子去。正因为如此，相比之下，我们那些已经进入大学的孩子们，有独立的精神，却在某些场合很不客气地或者说很不礼貌地说我们是弱智。其实，这哪里是我们弱智，而是我们从小没有见过电脑，受到的教育比他们落后，我们现在是赶也赶不上他们，他们确实比我们更优秀。

我们的子孙后代现在接受的是准国际化教育，他们可以尽情地吸收全世界的现代思想精华和最新科学知识。这比起我们，又是一个天上，一个地下，不可同日而语。我们那时候，还赶上文化大革命，赶上动乱，学校都没得上，如何能不愚昧落后呢？再有，我们那时的教育内容也是很封闭很陈旧的，新技术革命的新思想、新科技知识，我们没有学到，以至于到现在我们这一代中的有些人的思想还停留在新技术革命之前，十分遗憾。而我们的子孙后代比我们强多了，中国已经改革开放，世界就摆在了中国的面前，电脑连接着整个世界，他们不再是只接受本国传统思想的教育，他们受到全世界的新知识和新思想的影响，他们打开电脑，就能获知这个世界上发生的一切。他们从小就是在开放的世界里长大的，他们的思想里深深地打下了国际化的教育烙印，已经是抹也抹不掉的了。所以，现在中国是还没有融入世界贸易组织，而等中国在工业化腾飞阶段融入了世界贸易组织，那我们的那些受到准国际化教育的子孙后代必定是要与世界贸易组织永远地结下不解之缘。

我们的子孙后代是在比我们那时好得多的社会环境中学习，他们学习幸福，学习安定，学习的效果好。想一想我们那个年代，三天一个运动，五天一个游行，哪里能坐下来好好学习。所以，我们的子孙后代比我们受到了更好的教育，我们这一代人几乎不能教育下一代，只能为教育下一代创造更好的条件。事实已经表明，我们这一代是落后的，没有跟上世界新技术革命的步伐，现在说什么也晚了，只能寄托下一代了，中国的工业化就是要依靠我们的下一代去实现的。他们比我们强多了，他们将使中国重新屹立于世界强国之林。在我们这一代就融入世界贸易组织，就是为了我们的子孙后代能够依托世界贸易组织更好地在这个世界上生存与发展。

2. 让中国走世界的共同发展道路

融入世界贸易组织，将表明中国要在工业化腾飞阶段真正地融入国际社会，中国要在 21 世纪走上世界各国的共同发展道路。

新中国建立以来，由于历史的原因，只能独立自主地进行经济建设，当时的苏联给予了中国一定的帮助，但总体上的闭关锁国使中国失去了许多的发展机会，也失去了与国际社会的联系。中国的改革开放，在某种意义上说，就是要像第二次世界大战时期那样，重新回到走共同发展道路的国际社会。

世界贸易组织就是和平时期的国际社会。中国不仅要加入世界贸易组织，而且要融入这个国际社会。走世界各国的共同发展道路，才能让中国彻底摆脱贫困的羁绊，实现工业化；融入世界贸易组织，才能使中国回到国际社会，使中国成为现代化、国际化的国家。

历史已经证明，我们长期以来实行的计划经济体制不适应现代社会发展的要求，我们过去的那一条路是走不通的，中国要在今后跟上世界的发展步伐，必须改革计划经济体制，改为实行市场经济体制，走上世界各国的共同发展道路，不再走过去我们已经走了很长时间的老路。

走新路,这是我们这一代融入世界贸易组织的意义,也是我们的子孙后代融入世界贸易组织的宗旨。我们可以说是经过了痛苦的磨难之后才终于下定不再走老路的决心,我们要为子孙后代打基础,我们要融入世界贸易组织,就是要在我们这一代开始走上新路,并以此作为后代人生存的新的基础。

我们是承上启下的一代。我们是大转折的一代。我们是经历社会磨难最多的一代。我们是从困苦中长大的一代。我们为加入世界贸易组织而兴奋,我们为承办北京奥运会而自豪,我们受过太多的刺激,我们吃过太多的苦头,我们这一代中有太多的人失落,或是完全地迷失了良知,但是,我们还是跌跌撞撞地走过来了。我们在 21 世纪开始的时候终于走上了新路,我们这一代终于可以为我们的子孙后代留下一条可以好好地生息繁衍的新路。在我们经过了一代人拼搏的晚年,我们终于做到了这些,我们还是很高兴的。

中国的工业化已经腾飞,我们的奋斗已经得到了回报。从加入世界贸易组织到工业化腾飞,从工业化腾飞再到融入世界贸易组织,中国一直是在向世界靠近。中国在 21 世纪初期终于有了重大的变化,这是中国在 20 世纪的 100 年中都没有实现的变化,这是中国在新的世纪新的发展道路上迎来的祥和的曙光。

我们十分肯定,我们的子孙后代会比我们在新的道路上走得更好。其他国家在这条道路上发达起来,中国的未来也要在这条道路上发达起来。中国离不开这一新的道路。但此时此刻,所有的中国人都应该更明白中国在 2004 年进入工业化腾飞阶段的重大转折意义,所有的中国人都应该更明白中国将在不久的未来融入世界贸易组织的广阔而深远的伟大意义。

结束语：世界的腾飞

在本书中，我们讲述了中国工业化腾飞的起点和代价，又谈到实现中国工业化的背景与理性选择。涉及当前中国的经济形势，我们讨论了通货膨胀问题，对价格上涨与通货膨胀作了区分，阐述了通货膨胀的定义。根据当前中国的改革要求，我们研究了经济体制问题，对市场经济与商品经济作了区分，明确了市场经济的涵义。站在工业化腾飞的立场上，我们还将讨论扩展到新技术革命、经济全球化以及中国融入世界贸易组织等思想性的研究领域。至此，我们需要对本书的研究作出概括性的结语，还要特别地阐明现代经济学的研究对于 21 世纪走向和平的基本认识。

一、中国的腾飞就是世界的腾飞

从开始我们就讲述了中国工业化腾飞的起点在 2004 年，全书讲的都是中国的工业化如何实现的问题，其中，虽然也讲到中国的工业化与世界的联系，但最后，我们要作出明确的结语是：中国的腾飞就是世界的腾飞。

在 21 世纪，我们要站在中国看世界，站在世界看中国。中国经过改革开放，到达腾飞阶段，已经成为世界不可分割的一部分，中国与世界紧密地连接在一起。13 亿的人口不再脱离世界，这就是中国改革开放后世界上发生的最大的事。在那永难失却记忆的封闭时代，我们好像只是热衷于国人之间的互斗，也不理睬人与自然的关系在新技术革命之后会发生怎样的变化，也不欢迎其他国家与中国进行市场化的交流，口号讲的是全世界的联合，实际上只有自我的封闭，没有世界的联合，中国融入不了世界，世界也未接纳中国。因而，在那个时候，中国是中国，世界是世界，中国可能影响了世界，比如，中国的文化大革命极大地影响了全世界，但世界对中国的影响很小，中国是游离于世界之外的特殊国家，中国的所作所为也代表不了那时的世界。然而，现在不同了。中国的改革开放是彻底的，中国已经彻底地改变了自己的过去，中国已经重新走进国际社会重新成为世界的组成部分。现在，中国发生的任何大事都是世界上的大事，中国在世界的眼中再也不是无足轻重的，中国与世界的联系如同小家庭与大家庭一般，13 亿人口的中国从来没有像现在这样感到需要世界，世界也从来没有像现在这样感到需要中国。现在的每一天，在世界的每一个国际机场，你都能看到有中国人。现在的每一天，你在中国的每一个城市，也都能够看到不少的来自世界上各个国家的人。在这样的发展变化的新时代，任何人都不会怀疑，中国的工业化腾飞，就是事关世界历史的腾飞。

中国的工业化腾飞是由 20 世纪后期世界工业的发展带动的。在新技术革命作用的促进下，20 世纪后期，世界工业取得了长足的发展，特别是新兴的信息产业的出现，更是给了世界工业发展的强大推动力。而中国的改革开放恰遇良机，赶上了世界工业发展的大潮，直接受益。在这一时期，在中国各地，是引进，引进，再引进！世界上的工业先进技术纷纷被引进了中国，中国只需要学习和接受新技术就可以了。当然，在自我研制还不具备条件的情况下，引进世界上的最新技术不失为最明智的选择。在广东省东莞市的一个村，我们考察过一家至今已经营了 10 年的民营企业，是一家包装行业的企业，企业老板对我们说，搞工业，一是要选准行业，二是要有最先进的技术。所以，他的企业在大白菜都要包装的时代选择了包装行业，专门做各种商品的彩色印制的包装盒。而且，他选择进口德国的最先进的包装机械，在同行业中是竞争力最强的。这仅仅是一家中国企业的实践，中国像这样的企业有上百万家，都是引进国外的最先进技术，那结果就可想而知了，其效应是巨大的，是足以改天换地的。中国的工业化进程正是在这样的基础上才在 2004 年进入了腾飞的阶段，所以，毫无疑问，是世界的工业发展直接带动了中国的工业化腾飞，中国的工业化腾飞也就是世界工业的又一次腾飞。

中国的工业化腾飞将引领世界进入新时代。一个 13 亿人口的国家能够实现工业化腾飞，这对于世界来说是一件任何人都不可忽视的大事。这标志着中国将改变世界，将要使世界变得更加美好更加和谐。因为，工业化腾飞是一个国家开始变得富裕的表现，是一个国家即将实现工业化和现代化的前兆，是一个国家经济就要发达的信号。一个 13 亿人口的国家发展到了这一步，那还了得，全部人口 60 多亿的世界必然要随之改变的。其实中国不用去影响别的国家变，光是自己变，就足以让这个世界震惊了。想一想中国在 30 年前的情况吧，那时，中国有 10 亿人口，可是光绝对贫困人口就占有四分之一，那时的中国纵有雄心壮志，也难以改变世界。现在不同了，中国腾飞了。腾飞后的中国要为世界作出更大的贡献，要引领世界发展得更好更快。所以，中国的工业化腾飞并不单单是中国的自家事，在经济全球化的背景下，这是对世界的发展将产生重大影响的事情。中国已经不是孤立的了，中国是属于世界的，我们在现时代，不能就中国论中国，不能就中国的工业化腾飞讲中国的工业化腾飞，我们要树立全球意识，看到问题的根本和实质，站在全世界发展的立场看问题，高度重视中国的工业化腾飞，只有这样，我们才能确切地认识到：当中国的工业化进入到腾飞阶段之后，中国的腾飞就是世界的腾飞。

伟大的中国属于伟大的世界。

二、21 世纪是人类走向和平的起点

中国强盛之后，最为重要的事情，或者说，第一使命，就是引领世界走向和平。中国要改变世界，这就是要对世界做出的最大改变。现代经济学的研究表明，21 世纪是人类走向和平的起点。客观地说，中国要为此而努力。

中国强盛，对此，中国才有发言权。所以，在中国尚未实现工业化之前，中国的声音还是微弱的，中国还不可能为此产生任何有实际意义的影响。

而一旦中国经过工业化腾飞阶段之后强盛了，中国就要为此呼吁：21 世纪是人类走向和平的起点，每一个国家都要为世界文明的进步做出贡献。

没有战争，就没有人类的今天。自古以来，弱肉强食，能征善战是生存的本钱。一部人类社会发展史就是一部战争史，战火始终伴随着人类社会的成长。落后就要挨打的道理，人人都懂。如此说来，凡是落后挨打的，都是无可回避的。但不落后，甚至说先进，在古代，也不能避开战火。在生产力低的时代，战争的直接作用是激发社会的活力，促使社会的生存延续下去。人类的原始社会是充满原始战争的社会，几乎全民皆兵，几乎所有的劳动工具都是武器，原始人为了抢夺基本的生活资料，每每要付出生命和鲜血。在最困难时，原始人之间的战争目的就是为了获取对方的身体作食物。在奴隶社会，战争造就了更多的奴隶，更多的奴隶被投入战争。所有的奴隶战争都不是为了娱乐，而是为了生存。中国的孔子，就是中国奴隶社会时代的思想家。再以后的封建社会和资本主义社会的战争，同样是人类为了生存延续的战争。所有的战争，在其产生的历史时代，都有其历史作用。

不消灭战争，就没有人类的明天。人类依靠战争，生存到今天。可是，如果战争还要打下去，不论是何原因，都将毁灭人类。现在，电视剧整天在演高科技战争，其实是一点儿逻辑都不讲，好像在演一帮傻子。哪儿有高科技战争，今天没有，明天也没有，如果要打，只有人类的毁灭，因为高科技战争已经违背了战争的本质。战争的本质是消灭敌人，保护自己。而一旦打起高科技战争，那结果就是同归于尽。我们想一想，这样的高科技战争能打吗？真正到了高科技时代，人类只能想的是，如何消灭战争。我们一定要懂得，战争不是不可消灭的。在生产力水平低的时代，人类不可能消灭战争；而到了生产力高度发达的时代，人类就具备了消灭战争的客观条件，各个国家就应该考虑制止战争的问题，就应该讨论怎样携手走向和平。欧盟的发展代表了人类社会发展的趋势。只有愚蠢的政治家和愚昧的尚武者，才会在 21 世纪还在考虑用武力征服别人，还在幻想高科技战争，用战争消灭自己。在高科技时代，人类已经无需依靠战争生存，相反，战争已对人类的生存构成极大的威胁。所以，在 21 世纪，人类必须要走向和平，要为制止战争做出最大的努力。

当前，制止战争，要从制止世界军火贸易做起。世界军火贸易是当今世界战争的最大隐患。一些发达国家疯狂地做军火生意，是现代战争的策源地。人类的理智应该为自身的生存认真地想一想，为了所有人的生存，我们还有什么不能舍弃。我们从现在起，就要像缉毒那样禁止军火交易。毒品对人类的危害是巨大的，各个国家已经联合起来，禁止一切毒品交易，而且也取得了一定的成绩。可是，与毒品相比，军火交易的危害更大，然而，世界至今还没有清醒地去解决这一问题。我们认为，在 21 世纪，取缔世界军火贸易的问题应该提到议事日程上了。我们不能不对此进行呼吁，不能不极为重视这一问题。再讲高科技战争，那就是现代的愚昧。中国作为一个即将实现工业化的大国，必须要为取缔世界军火贸易做出应有的努力和贡献。

取缔世界军火贸易应该是现代人类走向和平、消灭战争的第一步。21 世纪是人类走向和平的起点，中国应对此做出积极的准备。中国的工业化腾飞是为了走向和平，不是继续战争。在消灭战争的方面，中国要积极地走在世界的前面。中国是世界上人口最多的国家，中国富强之后坚持消灭战争的努力将引领 21 世纪的世界走向新的文明。

让我们为中国的工业化腾飞欢呼吧！

跋

　　自2004年起，中国的工业化已经进入腾飞阶段。腾飞只是一种形象的说法，意思是指国民经济进入了一个持续的高增长期。工业化的腾飞阶段是一个特定的国民经济持续的高增长时期，一般有十几年到几十年之久。我们不能只是十分关注日本曾经历的工业化腾飞阶段，只是十分关注韩国曾经历的工业化腾飞阶段，而对中国已经进入的工业化腾飞阶段无动于衷。正是由于对中国的工业化腾飞阶段缺乏必要的认识，所以，有些人才对2004年以来的中国经济高增长不是很理解，不是感到腾飞，而是感到偏高。实际上，这些人是用一般的或者说平常的经济增长态势状况衡量工业化腾飞阶段的经济增长情况，没有特殊地认识工业化腾飞阶段的不同点，进而是用其他国家经济稳定期的情况对比中国的工业化腾飞时期情况。这些人不具有认识中国工业化腾飞阶段特殊性的眼界，也对其他国家有过的工业化腾飞经历不具有透彻的认识。本书对中国进入工业化腾飞阶段作出了全面的阐述和分析，说明不能用本国平常时期的和外国稳定时期的情况对比评判中国工业化腾飞时期的经济高增长，压抑中国的工业化腾飞。

　　面对中国的工业化腾飞阶段，中国经济界的人士需要积极地转换观念，不能将自己的思想基点还停留在19世纪。说到底，中国的经济体制改革是要改换人们的思想，而不是仅仅改变体制。

如果人们还是用计划经济体制下养成的素质认识今天中国市场经济条件下实现的工业化腾飞，那就不会得出准确的认识，甚至会产生一种莫须有的恐惧，完全颠倒工业化腾飞的意义，盲目高喊：狼来了。这样，我们就不仅是自己吓唬自己，而且还有可能腰斩自己原本企盼多年的工业化腾飞。因而，在中国工业化腾飞已经4年之后，在迎接北京奥运会之际，我们确实应该好好地重新认识长期以来中国的传统计划经济体制给人们造成的思想僵化和落后，好好地重新认识市场经济的内涵和市场经济体制的改革要求，特别是要深刻地认识到经济思想观念的滞后对中国经济发展的现实影响。

迎接中国工业化的腾飞，除去要有市场经济体制的创新观念，一切从新技术革命后的社会发展的眼光看问题，还要创新我们的做事心态。若心态是陈旧的，我行我素，缺少时代感和新时代的内容，那恐怕光是转变观念也不能解决适应中国工业化腾飞的具体问题。因为，在旧的体制下和在旧的生活状态下，我们已经生活得太久了，原本非常朴素的心态也已经变得十分的麻木和懒惰。1999年，在贵州省毕节开发扶贫生态建设试验区十年总结暨研讨会上，作为专门从北京赶赴毕节的中国经济理论界的代表，在充分地总结了毕节试验区成功经验之后，针对毕节地区21世纪的经济发展，我特别强调地指出：我们能够容忍20世纪的贫困煎熬，但是我们不能把贫困的心态带到21世纪去。

现在就是，我们不能用一种贫困的心态看待中国工业化的腾飞，不能由此惊呼从来没有见过的经济高速增长，更不能由此祈求中国的经济不要如此地高增长。只有在心态上适应腾飞的时代，我们才会有心气去拼搏，去为实现工业化而奋斗。可以说，迎接中国工业化腾飞的挑战，心气是一个更现实的根本性问题。这也就是说，我们需要为腾飞而兴奋，需要在腾飞阶段始终保持昂扬而饱满的心气。

在中国工业化腾飞的现实面前，我们应该明确：比资源更重要的是资本，比资本更重要的是人才，比人才更重要的是观念，比观念更重要的就是心气。

钱　津
于 2008 年 3 月 22 日

责任编辑:张文勇
装帧设计:肖　辉

图书在版编目(CIP)数据

感受腾飞——论中国工业化与通货膨胀/钱津 著.
-北京:人民出版社,2010.5
ISBN 978 - 7 - 01 - 007981 - 3

Ⅰ. 感…　Ⅱ. 钱…　Ⅲ. ①工业化-研究-中国②通货膨胀-
研究-中国　Ⅳ. F424　F822.5

中国版本图书馆 CIP 数据核字(2009)第 090718 号

感 受 腾 飞

GANSHOU TENGFEI

——论中国工业化与通货膨胀

钱　津　著

人民出版社 出版发行
(100706　北京朝阳门内大街 166 号)

北京集惠印刷有限责任公司印刷　新华书店经销

2010 年 5 月第 1 版　2010 年 5 月北京第 1 次印刷
开本:880 毫米×1230 毫米 1/32　印张:7.75
字数:185 千字　印数:0,001 - 5,000 册

ISBN 978 - 7 - 01 - 007981 - 3　定价:22.00 元

邮购地址 100706　北京朝阳门内大街 166 号
人民东方图书销售中心　电话 (010)65250042　65289539